KB061061

월급쟁이 부자의 머니 파이프라인

5가지 소득으로 총자산 100억을 만든

월급쟁이 부자의
머니 파이프라인

루지 지음

위즈덤하우스

> "
>
> 새벽에 일어나서 운동도 하고 공부를 하고
> 사람들을 사귀면서 최대한으로 노력하고 있는데도
> 인생에서 좋은 일은 전혀 일어나지 않는다고
> 말하는 사람을 나는 여태껏 본 적이 없다.
>
> "
>
> 앤드류 매튜스,
> 세계적인 동기부여 전문가

대한민국 평범한 월급쟁이도
자산가가 될 수 있다

나는 돈 때문에 힘들어하는 부모님을 보며 자랐다. 부모님에게 돈은 그저 노동력과 시간을 투입해서 벌어야 하는 것이었고, 우리 가족에게 부동산과 대출이란 단어는 금기어였다. 돈 때문에 무너지는 부모님의 모습, 돈 때문에 다투는 부모님의 모습이 내게는 선하다.

20대 절반을 직업을 얻기 위해 필사적으로 달렸다. 장학금을 받을 정도로 좋은 학점을 유지하고, 다양한 활동으로 경험을 쌓아갔다. 단기간에 10개 이상 자격증을 취득해 주위에서 독한 놈이라는 인정을 받은 끝에 그렇게 나는 꿈에 그리던 대기업 직장인이 되었다. 당시 집은 멀었지만, 누구보다 일찍 출근해서 사람들에게 인사를 했다.

그러던 어느 날 운 좋게도 사내 점포개발 팀장님의 눈에 들어 상권개발 업무를 해볼 기회를 얻을 수 있었다. 모든 게 새로웠기에 팀장님을 따라다니며 스펀지처럼 새로운 지식들을 흡수하기 위해 많은 노력을 했다. 상권분석, 입지분석을 공부하고 가맹 희망자, 투자자, 중개사 등 다양한 이해관계자들과 소통하며 자본주의 사회에서 어떻게 행동해야 하는지, 무엇을 공부해야 하는지 깨닫기 시작했다. 이동 중에 팀장님이 가끔씩 하던 얘기가 있다.

"자본주의 사회 부속품으로 사용되다 버림받기 싫으면 정신 똑바로 차려야 해. 남이 세운 회사에서 너는 그에 맞는 보수를 받으며 일하는 존재일 뿐 그 이상도 그 이하도 아니니까. 네 연차 때 회사에 집중하는 것은 당연히 맞지만 그게 전부가 되면 안 돼. 기억할 필요는 없어. 어차피 크게 한번 깨닫는 순간이 올 테니까."

아무렇지 않게 툭툭 던진 팀장님의 말이 자극제가 되어 입사와 동시에 퇴사 이후의 삶, 제2의 업을 생각해볼 수 있었다. 사업체를 꾸려야 한다고, 이를 위해서 남들 놀 때 더 철저하게 소비통제를 하고 잔여 시간에도 추가적인 경험을 쌓고 돈도 벌어야겠다고 다짐했다. 그 후로 머릿속을 지배하는 단어는 투자금을 모으기 위한 '만족지연'이었다. 절제 및 인내가 곧 미덕이라 여기고 내가 하기 싫은 일일지라도 참고 견뎌냈다. 주말에는 프랜차이즈 선호 업종을 경험하기 위해 커피숍과 편의점에서 아르바이트도 했다.

혹자는 재테크를 이왕이면 재밌게 해야 한다고 하지만, 나는 재미보다는 필사즉생, 즉 제대로 하지 않으면 죽는다는 심정으로 소비통제를 하며 종잣돈을 모았다. 나를 위해 나를 버린다는 의미가 무엇인지를 뼈저리게 느꼈다. 회의감도 찾아왔지만 이것마저도 배부른 소리라며 나를 채찍질했다.

사회 초년생 때 모두가 돈을 쓰기 바쁘지만 나는 정말 돈을 아예 안 썼다. 구두쇠 짠돌이 소리를 듣는 것도 한때라고 생각했다. 돈이 없어서 타인에게 무시를 당하는 것보다 돈을 벌고 있을 때 무시를 당하는 게 낫다고 생각했기 때문이다. 얼마나 심했으면 과거 여자 친구였던 지금의 아내가 당시 별명을 '스크루지'라고 했을까. 조금 귀엽게 표현한 '루지'가 나의 필명이 되기도 했을 정도로 소비를 극도로 줄였었다. 그렇게 아내와 5천만 원을 모았다. 그 5천만 원 종잣돈에 각자 신용대출을 더해서 투자를 시작할 수 있었다.

우리는 지금 자본이 지배하는 자본주의 사회에 살고 있다. 하지만 보통 사람들은 돈 앞에서는 고상한 척하고 돈이 급하지 않은 것처럼 행동하는 데 에너지를 쏟는다. 그러면서 회사에서 하기 싫은 일을 묵묵히 불평불만 다 참아내며 일한다. 나의 이익보다는 회사의 이익을 위해서 말이다.

근로소득으로 인한 연봉상승률은 물가상승률을 헤지* 하지도 못한다. 따라서 물가상승률 이상 수익률을 내는 부동산, 주식 등의 자본을 사서 자본소득을 내는 것이 당연하지만 이를 부정하는 사람들이 우리 주변

---

* Hedge. 금전 손실을 막기 위한 대비책을 의미한다.

에 상당히 많다. 우리는 지금 자본이 일하고, 공급자와 수요자 간의 자유경쟁에 의해 가격이 결정되는 자유시장경제를 살아가고 있다. 돈보다 중요한 가치는 많지만 그마저도 돈이 없으면 지켜낼 수가 없다.

원시시대는 주변 도구 및 자재들을 수단으로 활용해서 불을 지펴 의식주를 해결했다면, 지금 자본주의 시대는 돈을 수단으로 여기고 시간을 확보해 내가 하고 싶은 일을 원하는 장소에서 할 수 있는 시스템을 만드는 데 써야 한다. 돈보다 중요한 가치가 많다고 해서 돈을 멸시하고 시스템을 만드는 노력을 소홀히 한다면 내가 숭고하다고 여겼던 가치들을 지켜내지 못하는 순간을 마주할 것이며, 그때 본인이 멸시한 돈이라는 녀석이 가장 큰 가치로 다가올 것이다. 그 가치를 지키기 위해 돈을 공부하는 것이고 그 돈을 공부하는 과정에서 다양한 현금흐름 시스템과 자산 증식을 위한 기술들을 쌓아가야 한다.

이 책은 가진 것 하나 없던 내가 5년간 총자산 100억 원을 불린 사고방식과 파이프라인 구축 방법을 풀이한 책이다. 월급쟁이가 돈을 불리는 데에는 나름의 전략과 과정이 있다. 머니 파이프라인 시스템으로 총자산 100억 원을 마련한 직장인이 월급쟁이 생활을 유지하면서도 어떻게 묵묵히 재테크의 길을 걸어갈 수 있었는지 월급쟁이 관점에서 노하우를 풀이했다. 부자들의 투자 마인드부터 실제 내 집을 마련하고, 자산을 불리고, 자산과 함께 성장해나가는 방법을 담으려고 노력했다. 평범한 직장인들이 자산을 쌓기 위한 방향과 순서를 잡는 데 도움이 될 거라 믿는다.

나 또한 기업분석을 잘하는 것도 아니고 부동산투자 시 다른 전문가들처럼 수많은 데이터를 보는 것도 아니다. 내 한계를 너무나 잘 알고 있기에 나보다 앞서간 자산가들의 생각을 흡수하면서 내 머릿속에 뿌리박힌 가난한 DNA를 부자 DNA로 바꾸고 실행을 통해 매일 배우는 중이다.

앞으로 소개할 경제적·시간적 자유를 위한 5가지 파이프라인을 차근차근 꾸려나가는 가운데 매일 자신을 돌아보고 이미 부를 이룬 사람들, 성공한 사람들의 목소리에 집중하는 삶을 살자. 이것이 돈과 시간을 벌어주는 기본값이다. 직장인 신분에서 분명 많은 제약이 있을 것이다. 그러나 그런 제약 또한 성장의 발판이 되는 만큼 '나는 안돼'라는 생각보다 '우선 한번 해보자'라는 생각으로 여러 번 시도해보길 진심으로 바란다.

2020년 12월 31일, 만 10년 차 직장 생활을 마감했다. 남들처럼 경제적·시간적 자유를 달성하고 퇴사를 했다고는 할 수 없다. 단지 근로소득을 상회한 다른 소득을 내고 있으며, 내가 하고 싶은 시간대에 하고 싶은 일을 하고 있다는 점에서 이에 가까워지고 있음을 느끼고 있다. 회사에서 배운 모든 것을 가슴에 품고 제2의 인생을 위해서 멋지게 살아갈 것이다. 나와 비슷한 고민을 하는 직장인들에게 많은 도움이 되었으면 한다.

 차례

평범한
월급쟁이의
솔직한
이야기

마인드가 약한 사람은
투자의 영역에서
필히 패배하게 되어 있다.

나의 첫 투자 이야기

투자를 시작하기 전에는 항상 불만이 많아 현실을 부정하기 바빴다. 사실 나도 돈은 생활을 유지하기 위한 수준만 벌면 되는 것 아니냐며 돈 얘기에 굉장히 민감하게 반응하기도 했다. 그런 부정적인 사고로 가득한 내게 어느 날 기회가 찾아왔다. 그동안 지켜봤던 상권에서 괜찮은 점포 자리가 나온 것이다. 많이 지켜봤고 검토를 했기에 자신이 있었고 이건 무조건 해야 한다는 생각에 사로잡혔다.

　문제는 돈이었지만 마이너스통장, 소상공인 대출, 신용대출, 우수 프랜차이즈 대출 등을 활용해 해결할 수 있었다. 그렇게 2014년 첫 창업을 했다. 내 인생에서 가장 큰 리스크를 가지고 시작한 첫 투자였고, 초심자의 행운처럼 지금의 나를 있게 만든 좋은 투자가 되었다. 돈도 돈이

지만, '나는 안 된다'는 생각에 사로잡혔던 나를 바꿔준 소중한 도전이자 경험이 된 것이다.

그러나 삶은 내가 원하는 대로 흘러가지 않는다더니 곧 위기가 찾아왔다. 바로 사내 겸업 이슈였다. '오랫동안 회사를 다닐 수는 없겠구나' 하는 생각이 머릿속을 지배했다. 당시 아내와 결혼을 한 상태가 아니었고, 내 명의가 아니었기에 감사는 피할 수 있었다. 그렇게 결혼을 하고 2년이 지났을까? 또 동일한 문제로 사내 감사를 받게 되었다. 최초 감사 때 느꼈던 감정을 한 차례 더 겪고 나니 내 생각은 더욱 확실해졌다. 직장 생활을 관두지 않는 한 이 꼬리표를 뗄 수는 없다고, 만약 다음번에도 비슷한 이슈가 터진다면 내가 먼저 준비해서 나가겠다고 다시 한 번 다짐했다. 그리고 가슴에 새겼다. 지금의 위기를 오히려 안티프래질 요소로 활용하겠다고 말이다.

안티프래질(Anti-fragile)이라는 단어를 들어본 적 있을 것이다. Fragile은 택배상자에 붙은 스티커에 들어가는 문구로 '깨지기 쉬운'이라는 뜻을 지닌 단어인데, 앞에 Anti가 붙어 '깨지지 않는'이란 뜻이 된다. 그러나 깨지지 않는 것이 아니라 깨지는 상황이 왔을 때 깨지지 않기 위해 미친듯이 노력해서 타파한다는 의미로 많이 쓰이고 있다. 외부 충격이 오면 이에 굴복해 쨍그랑 깨지고 마는 것이 아니라 깨지지 않기 위해 보란듯이 현 상황을 타파하겠다는 굳은 의지의 집합체라고 보면 이해가 쉬울 것이다.

누구는 수시로 찾아오는 외부 충격에 한없이 약해지고, 누구는 그런 외부 충격이 가해질 때마다 한없이 강해진다는 점에서 어떤 일이 터질 때마다 항상 안티프래질이라는 단어부터 떠올리는 편이다. 지금까지 내가 한층 더 발전한 계기는 바로 보란듯이 해내는 습성에 있었다. 이를 잘 표현하는 단어가 안티프래질이였음을 뒤늦게 깨닫고 지금도 안티프래질한 삶을 살고자 노력하고 있다.

'당장 내가 회사를 그만둔다면 무엇을 해야 하는가?', '내가 잘하는 것은 대체 무엇일까?' 끊임없이 질문을 던졌지만 막상 무엇을 해야 하는지 답을 찾기란 쉽지 않았다. 학벌이 좋은 것도 아니고, 그렇다고 특별한 능력도 없었기에 월 급여가 끊긴다는 사실이 마냥 두려웠다. 그러던 중 신혼집으로 거주 중인 오피스텔 원룸의 전세가격이 오르고 만기 시 전세금을 인상해달라는 임대인의 연락을 받았다. 당시 전세금 3천~4천만 원 인상은 내게 큰 부담으로 다가왔다. 그럼에도 아무런 지식이 없었기에 처음 떠올렸던 대안은 월세로 전환하자는 거였다. 소득이 유지되는 한 월세를 내는 건 큰 부담이 아니라는 생각이었다.

과거 무지했던 시절을 떠올려보면 지금 투자에 대한 얘기를 쓴다는 사실이 부끄럽기도 하다. 당시 나는 많은 사람들의 도움을 받았다. 상권 조사차 우연히 방문한 타 지역 중개사분이 나를 앉혀 놓고 2시간 동안 부동산투자를 해야 하는 이유를 설파해준 것이다. 그때부터 부동산은 렌트가 아니라 소유를 해야 하고, 내가 거주할 집 1채는 기본이고, 이를 넘어서 대한민국에서 자산가가 되기 위해서는 다주택 포지션으로 임대 사업가의 길을 걸어가야 한다는 사실을 깨달을 수 있었다. 그 후로 상권 분석차 어디를 방문하든 상권만 보는 게 아니라 주변 아파트 시세도 함께 살펴보며 상권과 주택시장을 동시에 고려하기 시작했다. 그렇게 경험치를 배로 키울 수 있었던 것 같다. 당시 중개사분이 무주택자인 내게 이런 얘기를 했었다.

"오피스텔에서 전세로 거주 중이라고요? 집주인 좋은 일 시키지 말고 직접 좋은 일 해요. 임대인이 임대료를 올린다고 나쁘게 볼 게 아니죠. 누군가 머물 수 있는 집을 시장에 내놓고 그에 따른 값을 받는 건 당연한 거죠. 그게 싫으면 본인이 직접 임대사업을 하면 되는 거 아닐까요? 지금 아무리 얘기해도 실제로 해보지 않으면 이해하지 못할 거야. 우선 집주인의 전세금 인상은 OO 씨에게 좋은 기회를 주는 것이라 생각하고 만기일에 맞춰 퇴거하는 쪽으로 잡아요. 그리고 주변에 가격대가 비슷한 중소형대 오래된 아파트를 한번 찾아봐요. 여기 와서 앉아봐요. 평촌 아OO타워에 산다고 했죠? 옆에 보면 대단지가 있네요. 이런 건 쉽게 안 떨어져요. 신용 살아 있을 때 대출 잘 받아서 본인 앞으로 등기부등본 하나 뽑아봐요. 다른 건 모르겠고 돈이 부족하면 KB시세* 보다 싸게 나온 최악의 물건을 찾아서 내게 맞게 수리해서 들어가요."

"KB시세보다 싸게 나온 최악의 물건을 찾아서 내게 맞게 수리해서 들어가요." 이 말을 이해하기까지 많은 시간이 걸렸다. KB시세는 무엇이고, 왜 구축을 사라는 것인지, 대출을 왜 전부 받으라고 하는지 당시에는 이해가 되지 않았다. 실제 첫 내 집 마련 사례를 바탕으로 풀이해보면, 2016년 A아파트의 KB시세는 2억 6천만 원이며 매도자 사정으로 2년 전

---

* KB국민은행에서 평가한 주택의 감정가로 대부분의 금융기관에서 해당 시세를 근거로 대출 금액을 산출한다.

에 외부 새시와 화장실까지 전체 수리한 물건이 2억 3천만 원에 급매로 나왔다. 아파트 담보대출은 KB시세를 기준으로 정해지는 만큼 내가 매수한 가격과는 무관하게 KB시세를 기준으로 1억 8천만 원 대출을 받을 수 있었다. 그리고 당시 적격대출이라는 상품이 있었는데 이를 활용해서 후순위로 3천만 원을 추가로 받을 수 있었다. (보통은 선순위 담보대출이 있으면 후순위로 추가 담보대출이 불가하다.) 그렇게 나는 제반비용을 제외하고 약 2천만 원을 투자해서 거주 중인 오피스텔 옆에 구축 중소형 아파트를 매수할 수 있었다. 그것도 수리가 전부 다 된 물건으로 말이다.

KB시세: 2억 6천만 원

매매가: 2억 3천만 원

선순위 담보대출: 1억 8천만 원

후순위 적격대출: 3천만 원

⇒ 2천만 원 투자(기타 취득세, 중개수수료 등 제반비용 제외)

만약 임대인의 요청대로 전세금 3천만 원을 올려줬다면 내 소유의 주택도 없을뿐더러 인상한 전세금 3천만 원에 대한 이자만 납부하며 지냈을 것이다. 그러나 이자보다 중요한 게 있었다. 바로 내 이름 석 자가 박힌 등기부등본을 갖게 된 경험이다. 당시 이 경험을 하지 못했다면 지금도 전세금을 올려주며 집주인에게 레버리지*를 제공하는 입장에 있을지도 모

---

* 타인의 자본을 지렛대처럼 이용하여 자기 자본의 이익률을 높인다는 뜻.

르겠다. 주거비에 많은 돈을 투입하는 것은 매우 비효율적이라고 생각했다. 집을 매수할 돈으로 프랜차이즈를 추가로 창업해 현금흐름을 더 내고, 거기서 벌어들인 소득을 활용해 멋진 집을 임차해서 살자는 생각이 강했던 나였다. 그러나 내 집을 마련하게 되면서 삶의 방향이 180도 바뀌었다.

이렇게 사람은 본인이 관심 없는 분야에는 끝까지 관심을 두지 않는 법이다. 누군가 다가와서 벽을 깨주거나, 본인이 직접 나서서 벽을 깨기 위해 노력해야 한다. 그러나 후자는 쉽지 않다. 그 후로부터 '월급쟁이 루지의 투자 이야기'라는 주제로 블로그에 투자 이야기를 쓰기로 다짐했다. 나와 같은 실수를 다른 사람이 또 하지 않았으면 하는 바람에서, 그리고 과거 복기를 위한 기록 도구로써 말이다.

돌이켜보면 나는 '내 집 마련부터 하라'는 말과 달리 창업부터 한 것이 사실이다. 하지만 이는 점포개발이 주업인 나만의 특수성이 존재하는 부분일 뿐이다. 내 집 마련을 패스하고 대출을 받아서 창업 시장에 뛰어들라는 말을 하기 어려운 이유다. 먼저 총자산을 불리고 자산을 지키기 위해 현금흐름을 개선하는 것과, 먼저 현금흐름을 개선하고 총자산을 불리는 것은 분명 차이가 있다.

직장인이라면, 또는 현재 소득 활동을 하고 있다면 신용이 받쳐줄 때 대출을 활용해 내 집을 우선 마련하고, 조금 더 나아가 규모의 경제를 실현하기 위해 초반에 총자산을 불리는 쪽에 집중하는 것을 권장한다. 지금처럼 돈이 무한정 풀리는 구간에는 더욱더 말이다. 정리하면, 먼저 총자산 규모를 키우고 그 총자산의 규모가 부담이 될 시점부터 내가 보유한 자산을 지키기 위해 현금흐름을 확보하는 쪽으로 생각을 바꿀 필요가 있다는 얘기다.

20162025 프로젝트

직장에서 감사 이후 내 살길은 내가 찾아야 한다는 생각에 경제적 독립을 위한 장기 프로젝트를 세웠다. 바로 '20162025 프로젝트'다. 2016년부터 2025년까지 10년간 근로소득이 아닌 기타소득으로 경제활동을 영위하려는 개인 프로젝트로, '총자산 100억 원, 순자산 40억 원, 월 현금흐름이 순자산의 1%가 되는 구조'를 만드는 것이 목표다. 무식할수록 목표는 크게 잡는다고, 항상 무언가 시작할 때 나는 목표부터 크게 잡곤 한다. 목표가 100이면 아무리 못해도 10은 하려고 노력하는 게 사람이기 때문이다.

먼저 총자산, 순자산, 부채의 개념을 잡아보자. 총자산은 '순자산+부채'다. 역으로 순자산은 '총자산 − 부채'다.

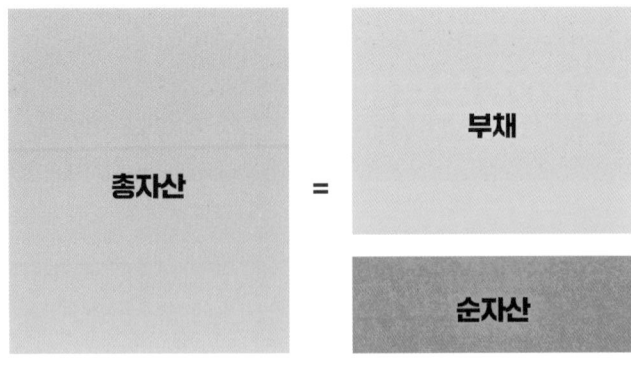

100억 원이란 숫자만 놓고 보면 매우 크게 다가오지만, 부채를 포함한 총자산 개념으로 접근하면 부담감이 크게 줄어든다. 쉽게 풀이하면 10억 원 부동산에 전세보증금이 9억 원이라면, 내가 가진 순자산은 1억 원이지만 부채를 포함한 총자산은 10억 원이 된다.

프로젝트 목표 설정까지 총 4가지 판단을 했다.

1차 판단:

재테크 초기일수록 총자산을 불리는 데 집중해야 한다. 레버리지 사용이 용이한 부동산 자산을 적극 활용하자.

2차 판단:

전세가율 및 LTV* 비율을 고려했을 때 총자산 중 부채 비중은

---

* 주택담보대출비율(Loan to Value Ratio). 주택의 담보가치에 따른 대출금의 비율을 뜻한다.

60~70%가 될 것이다.

3차 판단:

시간이 지남에 따라 물가상승률을 고려한 자산 팽창은 지속되고 동시에 소득 활동을 통해 부채를 조금씩 갚아나가면 실질 부채 부담이 줄어들 것이다. 즉 총자산 대비 순자산 비중이 40%까지 올라올 것이다. 부채 부담을 덜기 위해서 자산을 매도해 부채를 갚는 경우가 있는데, 자산을 굳이 매도할 필요 없이 자산을 계속 보유하거나 또는 부채를 갚을 돈으로 오히려 추가 자산을 사서 총자산을 키우는 쪽으로 방향을 잡아야 한다. 총자산이 커지면 보유했던 부채 비율은 자동으로 낮아지는 법이니 말이다.

4차 판단:

보유한 자산을 유지하는 데 들어가는 비용과 여가 생활을 위한 생활비를 고려했을 때 순자산의 1%가 월 현금흐름으로 나와야 한다. 이렇게 4가지 판단을 통해 총자산 100억 원, 순자산 40억 원, 월 현금흐름 4천만 원을 잡아본 것이다.

2015년 말 당시 아무것도 없던 내가 이런 막연한 목표를 세웠던 걸 보니 참 당돌했던 것 같다. 비록 가진 건 없지만 사람들에게 알리는 것이 중요하다는 생각에 블로그에 이를 남기고 프로젝트 진도율을 공유하기 시작했다. 100억 원 중 1억 원만 달성해도 1%를 달성한 것 아닌가? 점점 활동에 연속성이 부여됐고, 이를 달성하기 위해 매일 노력하는 나 자신을 발견할 수 있었다. 지금은 나를 신뢰하는 구독자분들께 보답하기 위해서라도 더 경험하고 더 풀어내는 사람이 되는 것이 내 삶에서 중요한 가치가 되었다. 훗날 나의 경험이 큰 자산이 될 거란 믿음에서 시작한 공유가, 결국 나를 더 발전시켜준 것이다.

아무리 생각해도 '너무 막연한 목표가 아닌가?'라는 생각이 들 만큼 목표를 크게 잡아보자. 노트에 목표를 적고, 목표를 향해 하나둘 나아가는 모습과 목표를 달성했을 때의 기쁨, 달성 후 미래의 삶을 머릿속에 그려보자. 돈이 전부가 되어서는 안 되지만, 10년 정도는 돈이라는 녀석을 지배하기 위해 한번 달려볼 필요는 있지 않을까? 돈을 목적이 아닌 수단으로 여기며 남은 생을 살고 싶다면 말이다.

부자들의 사고방식 흡수하기

자본주의 사회는 말 그대로 자본이 지배하는 사회다. 우리는 자본가가 꾸려 놓은 생산시스템에 들어가 부품으로 일을 하고 노동소득을 얻는다. 이윤을 추구한다는 목적은 모두 같지만 그 이윤은 자본가에게는 자본소득, 노동자에게는 노동소득이 된다. 즉 어떤 계층에 있는가에 따라서 달라지는 것이다. 내가 비록 노동자 계층에 있더라도 의식적으로 나는 자본가 계층에 있다고 상상하며, 노동소득을 모아서 자본소득을 내고자 꾸준히 노력한다면 우리도 생산수단을 가진 자본가가 될 수 있다.

상상을 현실로 만들려면, 그리고 이 사회에서 살아남으려면 소비자가 아닌 생산자가 되어야 한다. 자본주의 사회에서 생산수단은 생각보다 많지 않다. 그러나 확실한 것은 있다. 내가 가진 것이 없을수록 자산가가 일군 우량 기업의 지분을 사서 모아가는 것이다.

자본주의 3대 요소는 토지, 노동, 자본이다. 내가 지금 노동밖에 가진 게 없다면 몸뚱이를 굴려서 토지, 노동, 자본 3가지를 함께 굴리는 1등 기업의 지분을 지금부터 사서 모아가야 한다. 결국 이들 기업이 독점력을 발휘해 차순위 기업들을 잠식해나가며 자본주의 사회를 이끌어갈 것이기 때문이다. 나는 평소 자산가들이 어떠한 생각을 하며 지내는지 파악하고 이를 내게 적용하려고 노력하는 편이다. 자산 투자에 앞서 기본기를 다지는 의미에서 부자들의 특징을 아래 10가지로 정리했다. 투자 성과의 반은 투자 마인드에서 결정되는 만큼 본격적인 투자를 시작하기 전에 아래 10가지 기본적인 마인드부터 체득해보자.

1. 리스크를 두려워하기보다는 즐긴다

KB경영연구소, 하나금융연구소에서 매년 발행하는 '부자보고서'에 "부자들은 수익보다 리스크 관리를 우선시한다"라고 소개돼 있다. 100% 공감한다. 그러나 이는 이미 자산을 어느 정도 형성했기에 가능한 말이 아닌가 싶다. 우리는 지금 시점에서 부자를 바라보는 것이 아니라 부자들이 부를 이루기까지의 과정에 집중해야 한다. 부자의 뷰를 따르되 각자 처한 환경에 맞게 수정할 필요가 있다.

지금 내가 처한 환경은 어떠한가? 나의 소득수준과 자산수준은 어떠한가? 변변치 않다면 일정 부분 리스크를 감내한 투자를 여러 건 시도해야 한다. 부자들이 부를 이룬 건 리스크 관리에 집중했기 때문이 아니라 리스크를 사전에 인지하고 리스크가 터질지라도 일상생활에 큰 무리가 없도록 작게작게 여러 건 투자를 했기 때문이라고 생각한다. 투자를 할수록 경험치가 쌓여 더 좋은 결과를 가져온다.

오해하면 안 된다. 부자는 이미 상당한 부를 축적했기 때문에 보수적으로 움직이는 것이지 리스크를 마냥 회피한 것이 아니라는 사실을 말이다. 총자산 100억 원인 사람과 총자산 1억 원인 사람이 있다고 가정해보자. 같은 1% 변동률에 100억 원 자산가는 1억 원이 변동하고, 1억 원 자산가는 100만 원이 변동한다. 당연히 자산 규모가 커질수록 리스크 관리에 더 신경을 쓸 수밖에 없는 것이다. 따라서 나의 소득수준과 자산수준이 평균 또는 평균 이하라면 리스크가 두렵다고 실행을 망설이기보다는 리스크를 어느 정도 인지하고 머릿속에서 떠도는 생각들을 우선 실행에 옮겨야 한다.

리스크를 인지한 투자란, 발생할 변수를 충분히 계산한 가운데 '잃어도 일상생활에 큰 타격이 없을 만큼의 소액 투자금을 다양한 곳에 뿌리는 것'이라고 보면 될 것이다. 이것이 나의 투자 제1법칙이기도 하다. 대부분이 리스크가 무서워서 최적의 타이밍이 올 때까지 기다렸다면, 자수성가한 부자들은 일단 시작하고 실행을 통해 얻은 값을 복기하며 서서히 완벽해지는 것을 택했다는 사실을 기억하자.

나는 사실 꿈꾸던 회사에 입사했다. 그리고 나름 나쁘지 않은 급여를 받았고 당시 회사가 급속도로 성장하며 500% 이상 성과급도 받곤 했다. 그럼에도 이에 안주하지 않았다. 점포개발업무를 하면서 내가 지금 받는 급여가 전부가 아님을 매번 깨달았기 때문이다. 직업 특성상 외근 활동이 잦다 보니 주변 사람보다는 회사 밖 투자자들과 나를 견줄 기회가 많았다. 누군가는 성과급으로 자동차를 바꾸고 해외여행을 다니고 명품잡화를 사느라 시간을 보낼 때, 나는 현장을 다니며 시장에서 기회를 찾는 사람들을 만나 큰돈을 벌고 싶다는 꿈을 꾸느라 바빴다.

그들을 만나 가장 크게 깨달은 건 나는 일을 하고 있었고, 부자들은 투자를 하고 있었다는 사실이다. 이게 부자와 나의 가장 큰 차이점이었다. 나는 근로소득자, 그들은 투자자. 이 개념을 이해하니 내가 가야 하는 방향이 그려졌다. 리스크는 분명히 존재한다. 그렇다고 피하면 안 된다. 그들도 리스크가 있기에 점포개발 담당자인 나를 통해서 한 번 더 검증을 한 것이다. 리스크는 나의 경험과 타인의 경험을 결합하여 최소화하면 된다. 리스크가 무섭다고 아무것도 하지 않는다면 아무것도 남지 않는다.

그때 나는 다짐했다. 리스크를 감수하겠다고, 회사 눈치를 보느라 내게 온 기회를 발로 차지는 않겠다고, 안 해서 후회하는 것보다 해서 후회하는 것이 지금 내게 더 필요하다고 말이다. 리스크 없는 수익은 절대 없고, 수익은 리스크를 감내한 만큼 얻게 된다는 사실을 명심하자.

2. 레버리지를 잘 활용한다

레버리지는 크게 인적 레버리지와 자산 레버리지로 나눌 수 있다.

① 인적 레버리지

자산가들은 모든 부분에서 기회비용을 고려한다. 흔히 레버리지라고 하면 자산을 매수할 때를 떠올린다. 그러나 자산가들은 인적 레버리지 사용에 익숙하다. 본인의 시간당 가치를 환산하여 그 이상의 가치가 있다고 하면 본인이 움직이고 반대로 그 이하의 가치가 있다고 느끼면 타인에게 일정의 수수료를 주고 일임하는 데 익숙하다는 얘기다. 반대로 나보다 나은 식견과 경험을 가진 사람이 있다면 나의 수준을 높이기 위해 일정의 수수료를 지급하는 데도 익숙하다. 즉 상대의 시간과 노동의 가치를 소중히 여길 줄 안다는 것이다. 사람을 활용한다는 건 나쁜 게 아니다. 사람은 누구나 본인이 잘하는 부분이 있고 못하는 부분이 있기 때문에 서로가 만족하는 선에서 돈을 지불하고 더 나은 가치를 찾는 것에 익숙해져야 한다.

지나고 보니 그랬다. 회사에서도, 그리고 회사를 나와서도 잘되는 사람은 본인의 가치를 높이는 동시에 내가 부족한 부분과 잘하는 부분을 나누어 타인에게 레버리지 하는 기술이 뛰어난 사람이었다.

② 자산 레버리지

사람은 누구나 내가 소유할 수 있는 것 이상을 원하고, 더 나은 삶을 살길 희망한다. 이를 위해서 소득을 높이거나 대출을 활용해 원하는 것을 쟁취하기 위해 부단히 노력하는 것이다. 이에 대해 '나는 아닌데?'라고 답할 수 있는 사람은 많지 않을 것이라 본다. 물론 무소유의 삶을 살 수는 있으나 자식들을 생각하면 그건 개인의 욕심에 불과하다는 사실을 깨닫게 된다. 결국 대부분의 사람은 지금보다 더 나은 것을 가지고 누리길 희망하기에 부채는 계속 증가할 수밖에 없다. 당장의 소득과 자산 수준으로는 원하는 것을 가질 수 없으니 말이다. 근본적인 질문을 던져보자. '왜 우린 이런 시스템 속에 살게 되었을까?'

1971년 금태환제도 폐지가 일부 답이 될 수 있다. 세계 대공황 이후 규제의 필요성을 절감한 44개국 대표들은 1944년 미국 브레튼우즈에 모여 '브레튼우즈협정'이라는 것을 맺게 된다. 협정의 주 내용은 금과 달러를 연동시켜 새로운 국제 통화기준을 세우는 것이다. 35달러= 금 1온스, 즉 35달러를 가져오면 언제든 금 1온스로 바꿔주겠다고 공표하고 국제통화기금(IMF)과 국제부흥개발은행(IBRD)을 설립해 체제를 견고히 했다. 그러나 베트남전쟁 이후 미국이 달러를 무제한으로 풀면서 각국은 미국 달러에 대해 의구심을 가지기 시작했고 너도나도 달러를 금으로 바꿔달라는 요구가 쇄도하기 시작했다. 이에 1971년 8월 15일, 닉슨 대통령은 달러의 금태환 중지를 선언한다. 앞으로 달러를 가져와도 금으로 바꿔주지 않겠다는 것이다. 달러의 가치하락을 예상하고 미국은 바로 사우디로 건너가 사우디를 군사보호해주는 조건으로 모든 석유 결제를 달러로 하도록 협의하여 달러는 이후 50년간 페트로 달러* 역할을 하게 된다.

그 후로도 많은 경제적 충격들이 가해졌고 그때마다 양적완화 카드를 쓰기 시작했다. 최근 코로나19 사태만 봐도 이로 인한 경기둔화를 막기 위해 엄청난 돈을 풀고 있다는 것을 알 수 있다.

옆의 그림은 시중에 유통 중인 통화량을 뜻하는 광의의 통화**, 즉 M2의 연간 성장률과 인플레이션 속도를 나타낸 차트다. 이처럼 코로나19

---

* 중동을 포함한 주요 산유국들이 원유 및 관련 상품을 수출해서 벌어들이는 수출대금.
** 시중에 풀린 현금 유동성을 나타내는 지표.

M2 통화량 증가 vs. 인플레이션

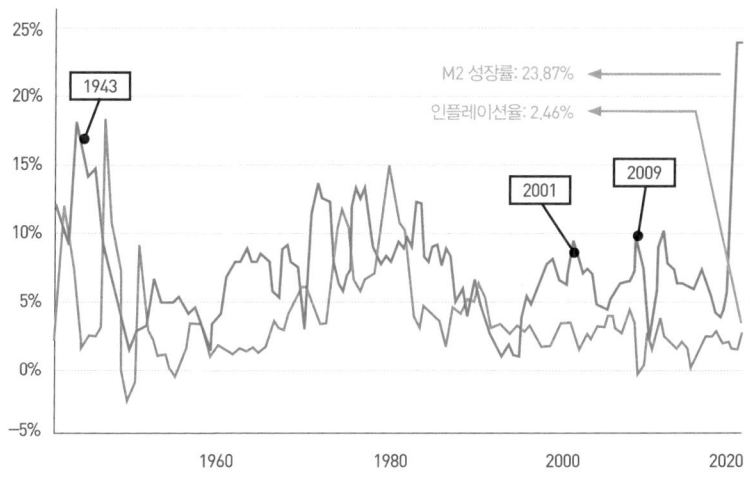

• 기간: 1941년 1월 1일 ~ 2021년 3월 31일
• 출처: www.longtermtrends.net

는 지금껏 경험하지 못한 통화량 확대를 불러왔고, 우린 풀린 통화량에 비례해서 또 한차례 큰 인플레이션을 걱정해야 하는 시대에 살고 있다.

경제를 지속적인 성장으로 이끌기 위해서는 돈이 풀리고, 경기둔화를 막기 위해서도 돈은 항상 풀린다. 성장·둔화 모든 값에서 돈이라는 녀석은 풀릴 수밖에 없다. 따라서 투자는 무한정 찍어내는 화폐에 따른 자산 버블 내지 구매력 유지를 위한 일련의 활동인 것이다. 이러한 자본주의 룰을 인지하지 못하고 투자를 등한시하거나 중단한다면 그로 인한 대가는 굉장히 클 것이다. 이를 염두에 두고 작게나마 꾸준히 투자를 이어가며 경험치를 쌓고 실제 수익도 얻어가는 적극적이고 능동적인 투자자가 되어야 한다.

지금 이 책을 읽고 있는 순간에도 기업·가계·정부는 부채를 일으키며 전체 부채 부담을 낮추고 있다. 인플레이션을 두려워하기보다는 부채를 적절히 활용해 초과 수익을 내려고 노력하는 것이 낫지 않을까? 부채 총량을 낮출 수는 없다. 오히려 부채 부담을 낮추기 위해 더 많은 부채를 일으켜 돈의 가치를 낮추는 식으로 갈 것이다. 더 많은 돈을 찍어내 돈의 가치를 낮춘다는 사실을 기억하고 보유한 부채를 쉽게 갚지 말고 부채를 잘 활용하는 사람이 되자. 좋은 부채와 나쁜 부채를 구분하는 것부터가 투자의 시작이자 끝이라는 얘기다.

3. 부채를 활용해 총자산을 불려간다

　왜 부채를 활용해야 할까? 내가 가진 자본이 부족하기 때문이다. 내가 가진 자본이 충분하면 부채를 질 필요가 없지만, 투자자라면 수익률 관점에서 생각해야 하기에 부채를 질 필요가 없어도 부채를 활용해야 한다. 재테크 0단계가 벌어들인 소득을 아껴 쓰며 잘 모으는 것이라면, 1단계는 부채를 활용해 수익률 게임을 하는 것이다. 투자 초기 단계라면 절대적인 수익금 자체가 아니라 수익률에 기반한 투자를 전개하며 총자산 볼륨도 함께 키우는 게임을 해야 한다. 수익금에 초점을 맞추는 건 훗날 어느 정도 자본을 모았을 때나 가능한 얘기다.

　여기서 더 나아가 나쁜 부채도 좋은 부채로 활용할 줄 아는 사람이 되어야 한다. 부동산투자를 예로 들어보자. 매매가 1억 원에 전세보증금 9천만 원, 월세보증금 천만 원에 월세 40만 원인 물건이 있다고 가정해보자.

① 매매가 1억 원, 전세보증금 9천만 원

② 월세보증금 천만 원, 월세 40만 원

해당 물건을 ① 전세 갭투자를 하면 투자금은 천만 원이다. ② 월세 투자를 하면 투자금은 9천만 원이 들어가는 대신 월 40만 원이라는 월세흐름이 나온다. 물론 월세 투자 시 대출을 활용해 투자금을 줄일 수 있지만, 지금 정책 기조에서 추가 대출이 어렵다는 점을 감안해 단순 비교를 해본다. 전자의 경우 천만 원 투자금이 들었으나 해당 물건이 1억 천만 원이 되면 투입한 금액 대비 100% 수익을 얻을 수 있지만, 후자의 경우 9천만 원이 투입되었기에 투자금 대비 100% 수익을 내려면 1억 9천만 원까지 시세 상승이 되어야 한다. 또한 내가 힘들게 모은 자금이 한 번의 투자로 끝나기에 수시로 다가오는 기회들을 놓칠 수 있다. 기회비용이라는 건 내가 앞으로 맞이할 기회를 놓친다는 의미도 있지만, 내가 그 비용을 다시 모으기까지 걸린 시간의 값도 계산해야 한다. 이를 고려해본다면 큰 자금이 한 번에 묶이는 투자가 초반에 얼마나 큰 타격을 주는지 이해할 수 있을 것이다.

지금 같이 자금 조달 비용이 낮고 전 세계적인 유동성 장세에서, 투자 초반이라면 현금흐름 자체보다는 더욱더 수익률을 고려한 총자산 불리기에 힘써야 한다. 그 시작은 최소 비용, 최대 효과를 낼 다양한 물건에 고루 투자해 리스크까지 낮추는 투자라고 본다. 직장인 입장에서 당장의 월세흐름보다는 시세 상승분을 월세로 치환해 생각하는 노력을 하는 것이 지금 시대 흐름에 맞는 투자 방법이라고 본다. 시세 상승분을 월세로 치환한다는 말은 당장의 월세흐름도 좋지만 10년을 두고 예상되는 시세 상승분을 120개월로 나누어 가상의 월 현금흐름을 주었다고 생각하는 것을 뜻한다. 대지지분이 적당하고 입지가 괜찮은 구축 아파트들은 10년의 기간을 두고 최소한의 인플레이션은 헤지하는 만큼 부동산투자를 통해 가상의 월세흐름을 계산해볼 필요가 있다는 것이다. 물론 이런 식의 사고는 월급쟁이 근로소득이 뒷받침되는 상태에서 가능한 얘기다. 말 그대로 당장의 현금흐름이 아닌 가상의 미래 현금흐름을 뜻하기 때문이다.

우리는 복리수익을 누리기 위해 좋은 자산을 사서 오랜 기간 보유해야 한다. 그러나 중간중간 매도를 통해 시세차익을 보려는 심리를 누르기란 쉽지 않다. 이럴 때 미래 현금흐름을 계산하는 습관을 들이면 자산을 오래 보유하는 체력을 키우는 데 도움이 된다.

이렇게 같은 부채가 누군가에게는 자산 볼륨을 키워주면서 리스크도 상대적으로 낮춰주는 수단이 되기도 하고, 누군가에게는 무조건 리스크의 대상이 되기도 한다. 같은 자금을 더 효율적으로 사용하기 위해 타인의 힘(유이자 은행대출/무이자 전월세보증금)을 빌려 더 많은 경험치를 쌓아가야 한다. 리스크를 분산하며 확률 값을 늘리는 투자를 위험하다고 생각하면 안 된다. 부채에 대한 편견을 버리고 각자 처한 상황에 맞게 유이자/무이자 부채를 활용해서 작은 시도의 값을 늘려가보자. 내가 아무리 부정해도 자본주의 사회는 빚으로 돌아가는 사회이니 말이다.

보통은 안 좋은 상황이 초래됐을 때 부담이 되는 것을 먼저 청산하는 경향이 있다. 대표적인 것이 부채를 갚는 것이다. 그 부채가 나쁜 부채가 아닌 좋은 부채임에도 당장이 두려워서 갚아버린다. 좋은 부채란 일

대출금	270,000,000원
대출 금리	연 3.39%
대출 기간	396개월(33년)
거치 기간	없음
상환 방법	원리금 균등상환
총이자	178,953,210원

을 하는 자산과 같다. '총자산= 순자산+부채'라는 사실을 이해하고 부채를 총자산을 키워가는 데 필요한 수단 및 도구로 여겨야 한다. 시스템은 시스템 자체로 두고 그 시스템을 어떻게 하면 더 개선시킬 수 있을지 고민하는 데 시간을 쏟아야 한다는 거다. 갚지 않아도 되는 부채임에도 목돈이 생겼다고 부채를 갚아버렸다면 아직 자본주의 시스템을 이해하지 못한 것이다.

실제 3.39% 고정금리로 33년간 상환해야 하는 2억 7천만 원의 담보 대출이 있다. 이전에 거주했던 집에서 일으킨 대출이었고, 현재는 월 100만 원의 월세를 받고 있다. 당시 전세를 주고 대출금을 상환할 수 있음에도 반전세를 놓고 시스템이 대출을 갚도록 설정한 건이다. 한 달 기준으로 월세 100만 원을 받아서 113만 원의 원리금을 갚으니 당장은 손해처럼 보일 수 있다. 그러나 이 또한 단기적인 시각으로 바라본 것이다. 당장 1년, 5년이 아니라 10년, 20년 단위로 보면 화폐 구조상 지속적인 가치 절하에 따라 집값은 오르고 일으킨 대출금은 대출을 받은 그 시점에 고정되기에 33년의 여정을 거치면서 부담은 상대적으로 줄어든다. 매매가가 오르면 임대료도 비례해서 올라가는데, 정작 일으킨 대출의 부담은 시간이 가면서 화폐가치가 하락하며 녹아내리고, 누군가 대신 갚아주기 때문에 순자산 비율은 오히려 올라가며 보유한 자산에 안정성은 더해지게 된다.

아래 표를 보면 회차별 원리금은 약 113만 원이다. 그런데 1회 차 납입 원금은 약 37만 원, 이자는 약 76만 원으로 시작하지만, 3년 차에 납입 원금이 약 41만 원으로 높아지고, 이자는 약 72만 원으로 낮아지며 월세 100만 원을 받아서 이자를 갚고 남은 28만 원은 원금을 갚는 데 사용된다. 즉 타인이 나의 원리금 상당 부분을 갚아주며 나의 순자산 비율을 높여주고 있다는 얘기다. 이는 시간이 갈수록 내게 더 유리하게 작용한다. 13년 차에는 원리금 약 113만 원 중 원금이 이자보다 더 높아지며 나의 대출 상환에 가속도가 붙는다. 36회 차 차이 금액(C= A − B)은 −314,772원으로 원금보다 이자가 높지만, 156회 차부터 차이 금액은 +15,168원으로 원금보다 이자가 낮아지기 시작한다.

회차	년수	원리금	납입 원금(A)	이자(B)	차이 금액(C)
1회차	시작	1,133,728	370,978	762,750	−391,772
12회차	1년	1,133,728	382,678	751,050	−368,372
36회차	3년	1,133,728	409,478	724,250	−314,772
60회차	5년	1,133,728	438,168	695,560	−257,392
120회차	10년	1,133,728	518,978	614,750	−95,772
156회차	13년	1,133,728	574,448	559,280	15,168
360회차	30년	1,133,728	1,021,368	112,360	909,008
396회차	33년	1,130,650	1,127,470	3,180	1,124,290

• 단위: 원

월세 100만 원은 직장인 소득의 상당 부분을 차지하는 금액이다. '시간은 돈이다'라는 관점에서 바라보면 한 달 열심히 일해서 돈을 벌었다기보다는 한 달 중 일부는 누군가의 원리금을 갚아주는 데 시간을 보냈다고 볼 수 있다. 한 번 받은 장기 고정금리 담보대출은 당장 부담이 된다고 갚기보다는 그 부담을 시스템으로 녹일 수 있는 방안을 끊임없이 고민하자. 다시 한번 강조한다. 대출은 갚아서 없애는 것이 아니라 시스템으로 녹이는 것이다.

4. 나보다 돈을 더 잘 버는 자산에 꾸준히 돈을 넣는다

편의점마다 수수료 체계가 다르지만 편의점에서 담배 한 갑을 팔면 보통 점주가 가져가는 이익은 약 200원이다. 점주 마진율은 소비자가 기준 4% 정도라는 얘기다. 그러나 현 시대 리딩 기업의 마진율은 어떠한가? 40~50%에 육박하지 않는가? 더 나아가 나의 근로소득 연평균 인상률은 몇 퍼센트인가? 3% 정도 아닌가? 더 나아가 전 세계 시가총액 상위에 위치한 누구나 아는 기업들, 예를 들어 코카콜라나 P&G 같은 기업의 연평균 배당성장률은 몇 퍼센트인가? 뒤의 표를 보자.

그림 ① 코카콜라의 경우 58년간 매년 배당금을 한 차례도 빠짐없이 성장 지급했다. 10년간 연평균 배당성장률은 6.42%이며, 현재 배당률은 3% 초반에 달한다.

그림 ② P&G는 질레트, 오랄비, 헤드&숄더 등 마트에서 흔히 보는

그림 1: 코카콜라 연평균 배당성장률

배당금 증가율 요약(Dividend Growth Summary)	
1년 성장률(1Year Growth Rate)	2.50%
3년 성장률(3Year Growth Rate)	3.48%
5년 성장률(5Year Growth Rate)	4.44%
10년 성장률(10Year Growth Rate)	6.42%
성장 연수(Years of Growth)	58년

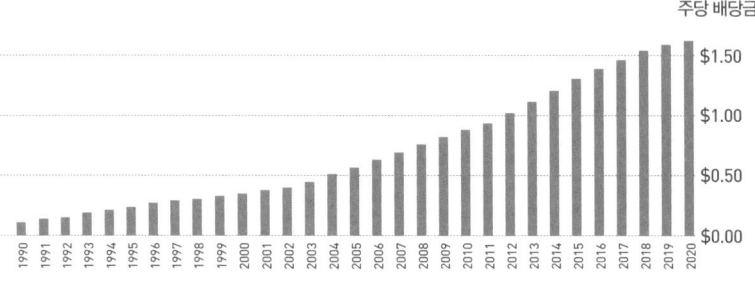

• 출처: seekingalpha.com, 2020년 말 기준

생활용품 브랜드를 판매하는 기업이다. 이들 기업도 64년간 매년 배당을 한 차례도 빠짐없이 성장 지급했으며, 10년간 연평균 배당성장률은 5.16%에 달한다.

즉 누구나 아는 기업들도 나의 임금상승률보다 더 나은 배당성장률을 보이고 있으며, 은행 이자보다 나은 배당률을 보이고 있다는 것이다. 이것이 노동소득을 잘 모아서 각 업종 1등 기업들에 투자해야 하는 이유다. 앞서 얘기했듯 부자가 되려면 부자의 길을 따라야 한다고 했다. 전 세계 Top 10 부자는 부동산 부자가 아니라 모두 주식 부자다. 내가

그림 2 : P&G 연평균 배당성장률

배당금 증가율 요약(Dividend Growth Summary)	
1년 성장률(1Year Growth Rate)	6.01%
3년 성장률(3Year Growth Rate)	4.42%
5년 성장률(5Year Growth Rate)	3.44%
10년 성장률(10Year Growth Rate)	5.16%
성장 연수(Years of Growth)	64년

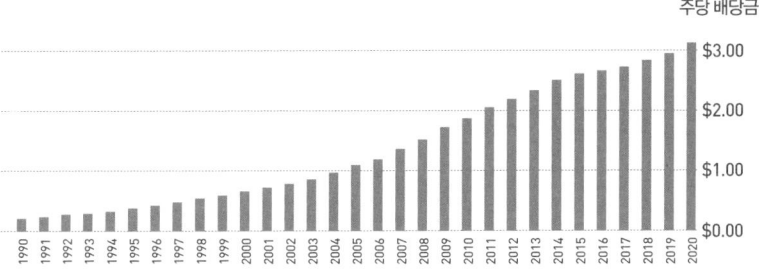

• 출처: seekingalpha.com, 2020년 말 기준

해당 기업의 주주가 된다는 것은 시가총액 상위 기업의 CEO가 소유한 생산수단을 나도 갖게 된다는 것이다. 내가 편의점에서 담배를 팔며 벌어들인 4%의 이윤과 매년 3%씩 오르는 근로소득으로, 40~50% 이윤을 내는 기업의 지분(Equity)과 물가상승률 이상으로 배당금을 수십 년간 인상시켜준 기업의 지분과 맞교환한다면 거대 기업의 주주로서 부자와 같은 줄에 나란히 설 수 있는 것 아닌가? 우리가 흔히 아는 일론 머스크, 팀 쿡, 빌 게이츠, 제프 베이조스와 말이다. 주주로서 이들이 보유한 1주의 가치와 내가 보유한 1주의 가치는 100% 같다. 결국 주식 보유 수량의 차이만 있을 뿐이다. 얼마나 공평하고 공정한 시장인가?

따라서 노동소득, 사업소득을 비롯해 기타소득이 들어오는 날, 이들 소득의 일부를 떼어내 자본소득을 만드는 생산수단인 부동산 대지지분과 기업의 지분을 꾸준히 사서 모아가자. 자기만의 기준을 지켜가는 가운데, 앞서간 사람의 뷰를 더해 적절히 시대 흐름에 맞게 수정해나가며, 꾸준히 자산을 모아가는 사람을 이겨낼 사람은 없다. 이제는 타이밍은 그만 재고 더 벌고 덜 써서 지분을 조금이나마 더 취득할 생각을 해야 할 때다. 타이밍을 잰다는 것 자체가 본인을 믿는 것인데 자신을 과신한 결과는 보통 좋지 않다. 잘 알지 않는가? 우린 이 거대한 시장 속에서 일개미라는 사실을 말이다. 주관을 배제하고 시장을 있는 그대로 바라보자.

5. 시간을 기다리는 투자를 한다

장기보유를 통한 복리수익을 극대화해야 한다는 말은 누구나 아는 사실이다. 그럼에도 사람들은 장기보유를 하지 못한다. 시장은 빠른 이익 실현을 독려하고, 본인 자신도 빠르게 이익이 나기를 내심 원하고 있기 때문이다. 내가 투자한 자산만 지지부진한 것 같기에 매도를 하고, 투자 성과가 좋으면 미래가치는 보지 않고 당장의 차익만 생각하여 빠르게 팔아버린다. 그렇게 큰 수익을 놓치고는 후회를 하고 이를 독려한 사람과 자신을 탓하곤 한다. 이를 해결하는 가장 좋은 방법은, 실제 본인이 장기보유를 통한 복리수익을 단 한 번이라도 경험해보는 것이다. 따라서 좋은 자산을 보유하고 있다면 '내가 꼭 복리수익 한 번은 경험해본다'라는 생각을 가지고 시세차익 욕구를 억누르고 또 억누를 필요가 있다. 최근 서울 부동산과 지방 부동산, 그리고 미국 IT기업의 성장이 독보적인데, 사실 이전부터 차근차근 사서 모아가는 이들이 많았다. 그 과정에서 분명 바보 소리도 들었을 것이며, 먼저 치고 달려가는 자산 항목을 보며 힘든 시간도 겪었을 것이다.

투자의 본질은 ① 가치 대비 싸게 사고 ② 투입 금액을 적게 들이는 것이다. 비싸게 사고 투자금을 많이 들이는 행위는 장기보유를 망치는 지름길인 만큼 시작 단계일수록 싸게 사서 투입 금액을 낮춰 일상생활에 큰 문제가 없는 자산으로 만드는 활동에 집중해야 한다. 투자한 자산이 단기간 급등하길 바라는 것보다는 시간이 해결해줄 것이란 마인드, 그리고 그 마인드를 내재화하기 위한 일련의 노력이 결국 우리를 부자로 만들어준다.

2017년 약간의 프리미엄을 주고 매수했던 원주 기업도시의 분양권이 있다. 신도시 초반이고 기반시설이 없어서 입주장에서 계약금 포기 물건도 다수 나왔으며 부동산에서도 손실을 보고 팔라는 전화가 쇄도했다. 그러나 끝까지 물건을 지켜냈다. 주변 구도심의 시세, 앞으로 구축될 인프라, 분양단가가 인상되기 전 분양한 물건인 점을 고려했을 때 현재 가격이 매우 낮다는 판단에서다. 규제 전 매수한 분양권이라 대출규제와 무관하게 담보대출도 잘 나왔다. 때문에 LTV 한도를 꽉 채워서 대출을 일으켜 반전세를 놓았다. 당시 월세를 받아서 이자를 내도 마이너스였지만, 조금만 길게 보면 당장의 몇만 원 이자 손해는 아무것도 아니다. 평당 800만 원인 아파트이지만 주변 시세를 고려했을 때 평당 1,200만 원까지 올라간다는 계산이 나온다면 지키는 것이 당연하다. 입주 3년 차인

지금은 예상대로 평당 1,200만 원 시세를 보이며, 초반에 보증금 2,000만 원에 월세 40만 원 수준이던 월세 시세는 보증금 2,000만 원에 월세 90만 원, 그리고 전세가는 분양가를 훌쩍 뛰어넘는 매물이 되었다. 최악의 상황에서도 긍정적인 부분에 집중하고 조금 더 길게 바라보는 연습을 한다면, 모두가 내던질 때 지켜내거나 그런 물건을 추가로 잡을 수 있다. 부동산 투자도 주식투자도 모두 마찬가지다. 시장의 목소리에 반응은 하되 과민 반응은 하지 말고 본인 소신을 지키는 투자자가 되어야 한다.

6. 고정관념이 없다

누구에게나 살아온 과정에 고착화된 본인만의 고정관념이 있다. 세상은 빠르게 변하고 이에 맞추어 대세라는 것이 존재하는데, 고정관념이 강한 사람은 이 대세를 매번 놓쳐 많은 기회를 잃곤 한다. 다수가 가는 길엔 답이 없다고 하지만, 돌이켜보면 항상 다수가 가는 곳엔 분명 이유가 있었다. 내가 직관력이 좋다면 이를 무시하고 홀로 움직일 수 있겠으나 그게 아니라면 역행하지 말고 큰 흐름을 타는 것도 중요하다. 큰 흐름을 따르고 그 안에서 답을 찾는 것과 남들이 가지 않는 새로운 영역에서 답을 찾는 것 중 어떤 것이 성공 확률이 높을지 고민해봐야 한다. 내가 아는 자산가들은 큰 흐름을 알아차리고 그 안에서 답을 찾는 분들이 많다. 확실한 답을 찾는 사람이 아니라 답에 가까운 것을 찾는 확률 게임을 즐기는 사람들 말이다. 편견을 주입시키는 사람들은 어쩌면 이미 사회에서 한 자리를 차지한 이들일 확률이 높다고 생각하면 모든 게 달리 해석될 것이다.

실제 고정관념에 사로잡혀 어려움을 겪는 지인의 사례를 가져왔다.

① 오랜만에 A라는 사람을 만났다. A는 쓰러져가는 전통 채널에 기회가 있다며 오프라인 마트에서 팔리지도 않는 제품을 계속 팔며 테스팅했다. 성과가 없을뿐더러 앞으로도 성과를 내기 어려워 보임에도 해당 채널을 고수하고 많은 자본을 투입했다. 결국 온라인 채널을 등한시한 대가를 크게 치뤘다. 분명 주변에서 온라인 채널 확대 및 옴니채널* 활성화를 꾀해야 한다고 조언했을 것이다. 그러나 아집에 사로잡혀 사람들의 조언을 무시했고, 결국 큰 흐름을 놓쳐 재진입할 기회를 여러 번이나 놓쳤다. 지금은 어떠하냐고? 더 말하지 않아도 알 것이다. 무서운 것은 그게 내가 되지 않으리라는 법도 없다는 것이다.

② B라는 사람을 만났다. B는 부동산은 입지라며 서울만을 고수했던 사람이다. 서울 부동산이 가파르게 상승하다 보니 부동산 취득 시기를 놓쳐 아무것도 하지 않고 다음 기회만 기다리고 있었다. 나는 B에게 기분 상하지 않게 여러 번 조언하곤 했다. 대략 이런 식으로 말이다.

"서울 부동산이 먼저 치고 갔다면 사람들은 소득과 직장과의 거리를 고려해 수도권을 보기 시작할 거예요. 서울만 고집하기보다는 서울 부동산 가격이 상승함에 따라 수혜를 볼 수도권 지역을 살펴볼 필요가 있어요. 1기

---

* Omni-channel. 온라인, 오프라인, 모바일 등 다양한 경로를 넘나들며 상품을 검색하고 구매할 수 있도록 한 서비스를 말한다.

신도시나 2기 신도시도 함께 보세요."

결국 돌아오는 답은 "수도권은 보는 게 아니야. 1기 신도시는 낡았고, 2기 신도시는 거리가 멀어서 살기가 불편해"였다. 그렇게 2년이 지났을까? 작년에 B를 다시 만났는데 아직도 서울만 고수하고 있었다. 누군가 이 고정관념의 벽을 강하게 깨주어야 하는데 그 벽은 시간이 갈수록 더욱 두꺼워지는 것 같다. 젊을 때부터 의식적으로 고정관념을 깨려고 노력해야 한다. 사람은 시간이 갈수록 본인이 경험한 것이 전부라고 생각하는 경향이 있기 때문이다.

부동산만 봐도 투자 대상이 얼마나 다양한가? 상품만 봐도 아파트, 빌라 등 주거상품부터 상가, 빌딩, 오피스텔, 지식산업센터, 특수물건 등 주거 외 상품들이 있고, 지역으로 나누면 서울, 경기, 인천 등 수도권과 기타 광역시, 지방으로 나눌 수 있고, 연식으로 나누면 신축, 준신축, 구축, 재건축, 재개발, 리모델링 대상으로도 나눌 수 있다. 이런 다양한 값을 놓고 '아파트, 중소형 평형, 서울'만 좋다는 고정관념에 사로잡히면 다양한 기회들을 놓칠 수밖에 없다.

실제로 B가 무시했던 수도권뿐만 아니라 지방 중소도시까지 부동산 가격이 연일 상승하고 있다. 이런 고정관념은 동네 부동산에서도 관찰되곤 한다. 한 동네에서 오래 근무한 중개사 및 동네 주민들은 본인이 거주하는 지역 아파트의 가격변동에 적잖게 놀라곤 한다. 중개소를 방문해도 "이미 많이 올랐으니 조금 기다려라. 오히려 이때 매도하는 게 좋다"라고 본인 동네를 낮추는 사례를 많이 접할 수 있다. 이들 사례도 결국 고정관념을 버리지 못하고, 다른 상품, 지역과 비교하는 노력을 소홀히 한 결과라 볼 수 있다. 반대로 민첩한 소수의 투자자들은 해당 지역의 과거 가격만을 토대로 시장가격을 판단하는 것이 아니라 타 지역 시세와 비교하여 고평가인지 저평가인지를 구분하여 접근하고 있다.

'남들이 다 가니까 거기는 안 돼. 내가 설정한 기준은 지켜야 돼'라는 태도보다는 남들이 가는 곳엔 다 이유가 있으니 거기서 답을 찾는 노력을 하고, 내 선택보다 대중들이 하는 선택의 평균에서 답을 찾는 노력을 해야 한다. 파도가 몰아치는데 파도를 역으로 거슬러 올라가면 힘이 다 빠져서 결국 파도에 휩쓸려 죽을 수도 있지만, 정방향으로 파도를 타고 가면 가만히 힘을 빼고도 육지로 나갈 수 있다는 사실을 기억하자. 요즘도 나의 고정관념이 선택을 어렵게 하곤 한다. 나는 그럴 때마다 되새긴다. 지금이 바로 틀 밖에서 의식적으로 사고하려는 노력을 해야 할 시기라고.

7. 투자 체력이 튼튼하다

마인드는 결국 투자 성과와 직결된다고 했다. 시작 전에 마인드 공부부터 해야 하는 이유이기도 하다. 마인드가 약한 사람은 투자의 영역에서 필히 패배하게 되어 있다. 다양한 주체들의 심리가 오가는 곳이 바로 자본주의 시장이기 때문이다. 투자의 성패를 다양하게 정의할 수 있지만 나는 '이 자산을 장기보유할 체력을 내가 가지고 있는가?'를 가장 중요시한다. 좋은 자산일수록 진득하게 보유해 당장의 시세차익보다 미래 기대되는 이익 수준에 올라올 때까지 차익을 뒤로 미루는 것이 중요한

데, 기초체력(멘탈)이 부족하면 좋은 자산을 가지고 있어도 변동성에 쉽게 흔들린다. 내리면 내린다고 매도하고 오르면 올랐다고 매도해버리는 게 사람이기 때문이다.

부자들 대부분은 젊을 때 건강한 몸뚱이를 굴려서 노동소득보다 더 크게 오르는 자본소득을 만들어내려고 노력한 사람들이다. 노동을 중요시하는 가운데, 거기서 얻은 근로소득을 우수한 입지의 대지지분과 우량한 기업의 지분으로 치환하며 자신을 부의 레버리지에 태우는 사람들 말이다. 나는 내가 부족한 것을 너무나 잘 알고 있다. 그렇기에 지금도 부자들의 생각을 읽고 나의 평균값을 올리기 위해 노력 중이다. 따라서 내가 가장 피하는 사람은 부자를 혐오하고 부자들의 성공에서 허점을 찾는 사람들이다. 그런 사람들이 주변에 있다면 하루 빨리 정리하길 바란다. 내가 그들처럼 되지 않으리라는 법은 없으니 말이다.

8. 타인에게 기대지 않는다

어떤 것이든 최종 선택은 본인 스스로 하는 만큼 결국 최종 책임은 본인에게 있다. 그럼에도 보통은 남을 의지해 누군가 내 일을 해결해주기만을 바란다. 본인이 스스로 판단하고 실행하고 그 결과에 대한 책임도 부담해야 옳든 틀리든 내 것이 되는 것임에도 말이다. 결정이 어렵다면 내가 내리는 결정의 크기를 줄여서 꾸준히 여러 건 실행하는 습관을 들이자. 한 번 시도해서 끝낼 것도 2번, 3번 나누어 실행하며 시도 값을 배로 늘리고 리스크를 낮추는 식으로 접근하는 것이 필요하다는 얘기다. 결정에 따른 부담도 줄고, 실행에 따른 결과값에서 배울 수 있기 때문이다. 지금도 '정부가 내 집 마련을 도와주겠지?' '회사가 날 챙겨주겠지?' 부모 자식 간이라면, 자녀 입장에서는 '부모가 날 도와주겠지?' 부모 입장에서는 '자녀가 노후에 날 챙겨주겠지?' 식의 기대를 하곤 한다. 부모 자식 간에도 기대면 안 된다고 하는 판국에 피도 안 섞인 누군가가 본인을 챙겨줄 것이라 생각하지 말자. 가족을 제외한 그 누구도 내가 잘되길 바라는 사람은 없다는 생각으로 제3자에게 기댈 생각은 애초부터 하지 말고 스스로 삶을 개척해나가자.

'오히려 불안정이 지속될 때가 한 단계 발전하는 순간이다.'

위 문장이 오랜 기간 내 머릿속을 지배하곤 했는데 요즘 더 절실하게 느낀다. 불안정한 상황을 적극 활용하는 때가 돈이라는 녀석이 내게 붙는 때라는 것을 말이다. 돈은 서서히 벌린다는 얘기를 나도 많이 했지만 사실 돌이켜보면 돈은 벌 때 확 벌어야 한다고 본다. 그때가 바로 불안정이 극에 달할 때였다. 따라서 편안함을 추구하지 말고, 리스크가 무섭다고 피하지 말고, 누군가가 해결해줄 것이란 생각을 버리고 현실에 맞서야 한다. 불확실성은 분명 새로운 기회를 만들어줄 것이다.

9. 고수가 된다

"하수들은 생활이 불규칙하다. 변수가 많다. 일관성이 떨어진다. 쓸데없는 약속이나 이벤트가 많다. (중략) 고수들은 생활이 심플하다. 잡다한 약속이 없다. 규칙적이다. 쓸데없는 일에 시간과 정력을 빼앗기지 않는다. 할 일이 명확하다. 리듬 깨지는 것을 싫어한다. 일을 할 때는 온전히 일에만 집중한다."

－《일생에 한번은 고수를 만나라》, 한근태 지음, 미래의창, 87∼88쪽

하수 중에 하수가 바로 나였다. 생활이 불규칙하고 쓸데없는 약속을 만들고, 참석하고, 그게 인맥이라고 떠들며 다녔던 시절이 오랜 기간 이어졌다. 위 글을 보기 전까진 말이다. 위 글을 접하고 인맥 관리의 정의를 다시 내렸다. 내가 우선 잘되어야 인맥도 유지되는 것이다.

방송에서 모 변호사가 이런 말을 했다. 어떤 분이 8시에 만나자고 해서, 당연히 오후 8시인 줄 알았는데 오전 8시였고, 그들과 소통하며 지내다 보니 오전 미팅, 늦어도 점심 미팅을 해야 하는 이유를 확실히 알게 됐다고 말이다. 나의 패턴을 찾는 것도 중요하지만, 패턴 정립이 되지 않았다면 이미 앞서간, 그리고 성공가도를 달리는 이들의 패턴을 하나씩 벤치마킹하는 것이 무엇보다 중요하다. 그렇게 성공한 사람들의 패턴을 익히면 나의 성공도 가까워지는 법이다.

고수는 자존감(Self-esteem)을 매우 중시하며 자존감을 높일 수 있는 방법으로 작은 성공의 경험을 축적하는 데 익숙하다. 아침에 기상하자마자 이불을 개는 의식도 이에 포함시키곤 한다. 고수라고 특별한 것이 있는 게 아니다. 아주 작은 성공의 경험들이 쌓여 우릴 고수의 삶으로 이끄는 것이다. 성공한 사람들을 특별한 사람으로 여기기보다 평범한 삶에 작은 의미를 부여하고 패턴을 잡아가는 사람으로 바라보는 것은 어떨까?

10. 독하다

매번 입에 달고 사는 얘기가 있다. 딱 3년만 독기를 품고 별로 중요하지 않은 욕구들은 제쳐두고 살아야 한다고 말이다. 하고 싶은 것을 하면서 살고 싶다면 당장은 하고 싶지 않은 것부터 해야 한다. 그리고 나를 방해하는 요인들을 모두 제거해야 한다. 진짜 독하게 말해서 친구와 연락도 끊고 그렇게 3년간은 나 자신의 성장을 위해서만 몰두해야 한다. 친한 친구들에게 이 책을 선물하겠지만, "뭐 이런 놈이 다 있냐"라는 소리를 들을 게 뻔하다. 그런데 나는 진짜 그렇게 했다. 사전에 "나 이렇게 이렇게 하겠다"라고 넌지시 얘기를 전하고 3년간은 연락을 자제하고, 연락이 와도 큰 이벤트가 아닌 이상 무시했다. 지금은 이에 대한 보답을 확실히 하고자 먼저 연락하고 미안한 마음에 못 했던 부분들을 챙기며 지내고 있다.

스스로의 독함에 반할 때까지 모든 걸 걸어본 적이 없다면 딱 3년만 다 내려놓고 아주 독하게 살아보자. 그렇게 해야만 내 인생에도 볕들 날이 찾아올 것이다.

자, 이제 독하게 마음을 먹고 경제적 자유를 위한 5개 파이프라인을 순서대로 구축해보자.

체력 기르기

부자들이 모여 사는 곳에 위치한 헬스장은 새벽이 늘 붐빈다. 누구보다 빨리 일어나서 체력 관리로 하루를 시작하고 건강한 신체를 바탕으로 주어진 업무를 처리하는 사람들이 부자인 경우가 많다는 증거다. 난 아직도 팀장님과 함께 새벽 헬스를 했던 기억을 잊지 못한다. 비록 내 의지가 아닌 팀장님의 의지로 끌려 나오듯 헬스장으로 출근했던 기억이지만, 지금 돌이켜보면 그 경험들이 큰 자극제가 되었다. M사의 증권사가 위치한 수표동 센터원 건물 내 헬스장이었는데, 새벽 6시에 도착하면 이미 운동을 마치고 나가는 사람들로 붐볐다. 그때의 신선한 충격이 아직도 가시질 않는다. 오늘도 누군가는 바쁜 시간을 쪼개서 부지런히 자기관리를 하고 있다. 시간이 없다는 핑계보다는 시간을 더욱 효율적으로 활용하기 위해 노력해야 하는 이유다.

살면서 우리는 2가지를 손에서 놓지 말아야 한다.

- 왼손엔, 명석한 두뇌를 만들어주고 투자 멘털을 키워줄 훌륭한 책
- 오른손엔, 건강한 신체를 유지하도록 도와주는 아령

지금 당장 양손에 책과 아령을 들고 부지런히 앞으로 나아가고 싶지 않은가? 최소 비용, 최대 효과를 낼 수 있는 운동 중 하나를 꼽자면 달리기가 있다. 누구나 달려본 경험이 있기에 달리기의 효능을 알고 있지만 익숙한 만큼 대수롭지 않게 생각하곤 한다. 그러나 육체적 건강과 정신적 건강 모두를 챙길 수 있는 가장 효과적이고 간단하고 비용이 적게 드는 운동이 달리기다. 아무런 비용이 들지 않는다. 나의 속도에 맞춰 뛰기만 하면 된다.

조금 더 구체적으로 달리기의 효능을 알아보면,

1. 혈액순환

우선 달리기를 하면 심장박동이 올라가고 펌프질하는 심장근육이 강해져 혈액순환에 좋다. 달리기 이후 몸에 열이 느껴지는 이유다. 그 열감은 하루 종일 에너지가 넘치도록 이끌어준다.

2. 스트레스 해소

운동을 하면 기분이 좋아지고 모든 걸 긍정적으로 해석하게 된다. 운동을 하는 동안 스트레스 호르몬이 줄고, 엔도르핀 수치가 증가하기 때문이다. 행복 호르몬인 세로토닌 수치가 증가하며 일과 투자를 병행하며 받았던 스트레스를 해소하는 데 큰 도움을 준다.

3. 두뇌 건강

달리기는 노르에피네프린 수치를 증가시킨다. 이는 복잡하게 꼬인 문제들을 해결하기 위해 더 집중하고 두뇌를 깊이 사용할 수 있는 상태로 만든다. 한껏 달리고 나면 복잡하기만 했던 문제들이 실타래처럼 풀리는 현상을 마주할 수 있는 이유다. 무언가 일이 풀리지 않는다면 우선 달려보자. 달리는 가운데 해결책을 발견할 수 있을 거란 작은 기대를 가지고 말이다.

4. 코어근육 강화

단순한 것이 어쩌면 전부가 된다. 장기간 앉아 있는 직장인 중에 허리와 목 통증으로 고통받는 사람들이 많다. 바로 코어근육이 부족하기 때문이다. 달리기는 다리부터 등까지 전신 코어근육을 키우는 데 큰 도움을 준다.

올해는 우수한 입지의 대지지분과 우량한 기업의 지분을 모으는 것을 넘어, 내가 달린 킬로미터 누적치를 달성하는 것이 목표다. 연간 1,000km를 달리는 것이 목표라면 365일로 나누면 하루 3km 정도만 달리면 된다. 그러나 매일 3km를 뛰어야 한다는 전제가 부담으로 작용할 수도 있다. 직장 생활을 하다 보면 내 뜻대로 시간을 사용하지 못하는 경우가 많기 때문이다. 하루 목표보다는 누적 값을 달성하는 데 주안점을 두고 오늘 덜 달렸다면 내일 조금 더 달리는 식으로 연간 km를 채우는 데 집중해보자.

《아주 작은 습관의 힘》의 저자 제임스 클리어는 좋은 습관을 만드는 방법 중 하나로 '하기 쉽게 만드는 법칙'에 대해 이렇게 소개했다.

① 마찰을 줄여라. 나와 좋은 습관 사이의 단계들을 줄여라.
② 환경을 갖춰라. 좋은 습관이 더 일어나기 쉽게 환경을 준비하라.

③ 결정적 순간을 완전히 체득하라. 거대한 영향을 가져올 작은 선택들을 강화하라.

④ 2분 규칙을 이용하라. 2분 또는 그 이하로 실행할 수 있을 때까지 습관을 축소하라.

⑤ 습관을 자동화하라. 미래 행동을 이끌어내는 기술과 장치에 투자하라.

　　－《아주 작은 습관의 힘》, 제임스 클리어 지음, 비즈니스북스, 228쪽

미래 행동을 이끌어내는 방법으로 SNS 채널을 활용하고 러닝 앱을 통해 그룹을 지어 지인들과 성과를 공유하는 것도 방법이 될 수 있다. 건강을 잃으면 지금까지 쌓아온 것들이 한 번에 무너진다. 건강을 잘 챙기는 가운데 하루 빨리 나의 소득을 시스템화 해야 하는 이유다.

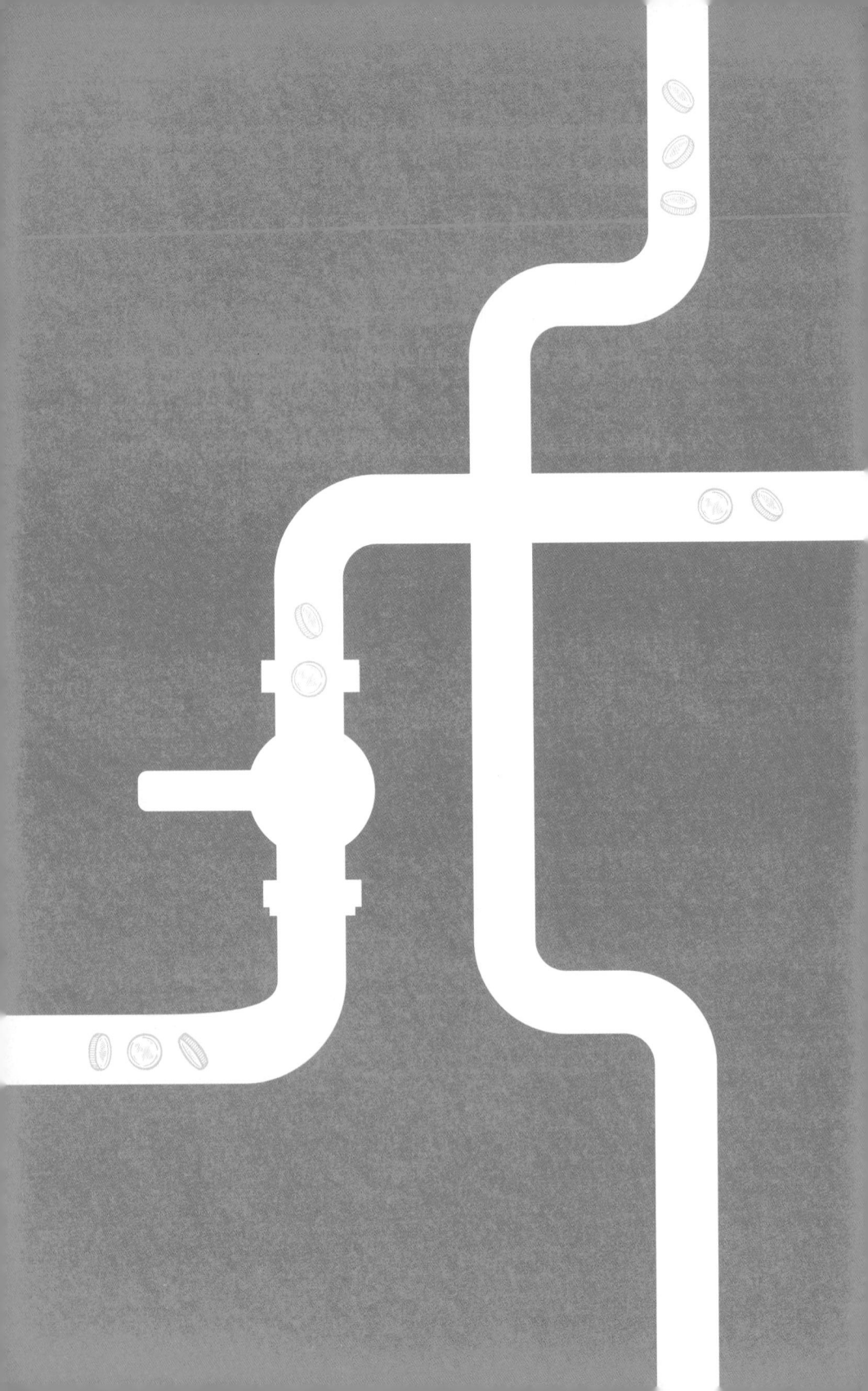

Part 2 투자편

평범한
월급쟁이의
파이프라인
창출 방법

나는 항상 어떤 일이
발생할 때마다 질문한다.
훗날 내게 어떤 일이 생겼을 때
나와 무관하게 굴러가는
진짜 시스템이
무엇인지 말이다.

파이프라인 구축 이전에 해야 할 것

대차대조표, 현금흐름표 작성

본인의 현재 자산 현황, 현금흐름, 소비 습관을 알고 있는 투자자가 얼마나 될까? 투자를 하며 다양한 사람들을 만났지만 3가지를 정확히 파악하고 있는 투자자는 많지 않았다. 그만큼 우리가 쉽게 놓치는 부분이다. 그러나 이를 주기적으로 확인하지 않는다면 내 범위를 벗어난 무리한 투자를 할 확률이 높다. 이는 힘들게 취득한 자산을 시장에 다시 헐값에 내놓을 확률이 높아진다는 말과 동일하다. 모든 걸 파악한 후 진행하는 투자도 리스크가 상당한데 나의 재무 상태를 고려하지 않고 진행하는 투자는 삶만 피폐하게 만들 뿐이다.

따라서 투자에 앞서 나를 하나의 사업체로 여기고 내가 대표로 있는

가상의 ㈜OOO의 총자산, 그리고 부채를 계산한 순자산은 얼마인지 대차대조표에 기록할 필요가 있다. 그리고 현금흐름표에 내가 한 달 벌어들이는 소득들을 적고, 뒤에서 소개할 다양한 소득들의 비중도 기록해보자. 부족한 카테고리가 있다면 해당 카테고리의 소득을 늘리기 위한 노력을 하거나, 잘하는 카테고리라면 해당 카테고리를 더 키울 노력을 하면 된다.

또한 총소득 중 원금과 이자 상환에 사용되는 금액이 얼마나 되는지도 주기적으로 확인해야 한다. 그래야 매월 모을 수 있는 금액이 어느 정도 되는지 파악할 수 있고, 향후 어떤 자산을 취득함에 있어서 투자금으로 활용 가능한 시점을 파악해 투자 방향을 설정할 수 있다.

또한 가계부를 통해 현재 소비수준을 점검해야 한다. 매년 꾸준히 오르는 근로소득에 비례해 씀씀이도 커지는 게 보통이다. 평범한 직장에 다니는 근로소득자라면 대부분 급여 상승률보다 물가상승률이 클 수밖에 없다. 그만큼 나의 구매력은 복리로 줄어들고 있음을 깨닫고 소비를 통제하려고 노력해야 한다. 월 소득 10만 원을 추가하는 가장 빠른 방법은 월 10만 원을 덜 소비하는 것이다. 10원, 100원 단위까지 기록하라는 의미는 아니다. 비록 본인이 지금 한 기업의 대표가 아닐지라도 한 가정의 대표자로서 작성하는 것 자체에 의미를 부여하고 자산 축적을 위한 도구로 활용해보자는 얘기다.

아무쪼록 목표는 최소한 다음과 같은 질문에 답할 수 있는 사람이 되는 것이다.

- 대략적인 부채 비율은 얼마인가?

- 대략적인 현금흐름 대비 지출 비율은 어떻게 되는가?
- 대체 얼마의 빚을 지고 있으며, 한 달에 원금 상환되는 금액과 이자는 얼마인가?
- 현재까지 은행에 얼마를 상환했고 잔액은 얼마인가?

아래 QR코드로 접속하면 현재 내가 쓰고 있는 아주 간단한 양식을 다운로드할 수 있다. 이번 기회에 본인에게 맞게 일부 수정해서 사용해 보셨으면 한다.

대차대조표/현금흐름표/가계부 양식
[패스워드: 1231]

5가지 파이프라인 소개

1. 파이프라인 정의와 종류 및 방향

경제적 자유는 앞서 얘기했듯 나를 압박하는 것으로부터 자유를 뜻한다. 그 압박하는 것의 대표 사례가 돈과 시간이다. 즉 우리는 돈과 시간으로부터 자유를 추구하고자 지친 몸을 이끌고 출근길에 오르는 것이다. 그러나 사람들은 이 중 한 가지를 놓치고 산다. 바로 시간이다. 경제적 자유를 꿈꾸는 사람들은 투자를 통해 계속 돈만 불린다. 시간적 자유를 고려하지 않으면 결국 돈은 쌓일지언정 시간은 시간대로 계속 투입되어야 한다.

경제적 자유를 이루기 위해서는 근로소득, 콘텐츠 소득, 사업소득, 부동산소득, 주식 배당소득 총 5가지 소득을 순서대로 다양하게 추구하는 과정이 필요하며 시간이 지나감에 따라 마지막 주식 배당소득의 비중을 최대치로 높여야 한다. 뒤로 갈수록 나의 노동력과 시간 투입을 줄일 수 있기 때문이다. 누구나 나이가 들수록 노동력과 체력이 감소되기에 이전과 같은 시간이 주어질지라도 그 시간을 동일하게 사용할 수 없다. 나는 항상 어떤 일이 발생할 때마다 질문한다. 훗날 내게 어떤 일이 생겼을 때 나와 무관하게 굴러가는 진짜 시스템이 무엇인지 말이다. 나의 답은 언제나 5가지 소득 중 맨 끝에 위치한, 우량한 기업이 주는 배당금이었다.

2. 자본소득에 집중해야 하는 이유

2020년 국세청 국세통계연보에 따르면 직장인들이 내는 근로소득세는 2013년 22조 4,940억 원에서 2020년 44조 510억 원으로 96% 증가했다. 급여 수령 시 미리 공제되는 세금이 2배 늘었다는 것이다. 반면 이자소득과 배당소득을 합한 금융소득세는 2020년 5조 8,300억 원으로

2013년~2020년 세수 변화

—— 근로소득세 —— 금융소득세(이자+배당) —— 종합부동산세

	2013	2014	2015	2016	2017	2018	2019	2020
근로소득세	22,494	26,136	28,109	31,974	35,068	39,055	41,971	44,051
금융소득세	4,889	4,628	4,561	4,125	4,517	4,982	5,577	5,830
종합부동산세	1,224	1,307	1,399	1,294	1,652	1,873	2,671	3,601

• 단위: 십억 원

2013년 4조 8,890억 원 대비 19% 증가에 그쳤다. 종합부동산세는 수납액 기준으로 2018년까지 완만한 증가세를 보이다가 2019년 종합부동산세 인상 이슈로 대폭 증가하였다. 그러나 직장인이 납부하는 근로소득세에 비하면 이들 자본소득세 총액은 한참 아래에 머물고 있다. '직장인은 봉이다'라는 얘기가 괜히 나온 것이 아니다. 직장인 입장에서 기를 쓰고 자산을 사서 모아야 하는 이유다.

5가지 소득은 크게 노동소득(근로소득), 시스템 소득(콘텐츠, 사업, 임대), 자본소득(배당)으로 나눌 수 있다. 노동소득은 나의 시간과 노동력을 투입한 만큼 얻는 소득으로 내가 원하지 않는 일일지라도 참고 견디며 창출해내는 의지의 소득이라고 볼 수 있다. 애초부터 처음엔 내가 원하는 일을 하며 살 수 없다고 체념하고 접근하는 것이 좋다. 하기 싫은 일을 묵묵히 해내는 과정을 즐긴 만큼 큰 보상이 찾아올 테니 말이다.

시스템 소득은 초반에 나의 노동력과 시간이 투입되지만 시간이 지날수록 점차 나의 노동력과 시간 투입량과 무관하게 벌어들이는 소득을 뜻한다. 시스템 소득도 초반 노동력, 자본금 투입이 필수적이다. 투입 가능한 자본금 규모에 따라 방향이 달라질 뿐이다. 자본금이 부족하다면 콘텐츠 생산을 통한 무자본 지식창업으로 방향을 잡고, 블로그·유튜브·인스타그램 등 다양한 SNS 채널에 본인이 지금까지 살아오며 느꼈던 생각과 경험, 그리고 지식을 대중에게 공유하는 활동을 꾸준히 하며 기회를 만들어야 한다. 누구에게나 장점과 자신만의 스토리가 있다. 그걸 찾지 못한 사람들이 많을 뿐이다. 내가 현재 가진 것이 체력과 시간뿐이라면 이 시스템 소득을 올리기 위해 많은 고민을 해야 한다. 특히

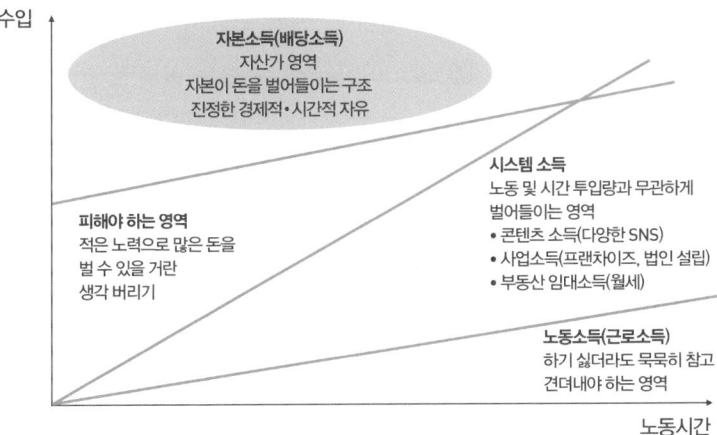

근로소득 다음으로 제시한 콘텐츠 소득을 창출하는 데 많은 시간과 노동을 쏟아야 한다. 돈이 없을수록 우리가 공정하게 승부를 볼 수 있는 곳이 복잡계 기반의 SNS 생태계이니까 말이다.

복잡계는 언제, 어디서, 무엇이, 어떻게, 왜 터질지 아무도 모르는 곳을 뜻한다. 돈이 많다고 승리할 수 있는 것도 아니고 돈이 없다고 1등을 하지 못하리라는 법도 없다. 아주 공정한 생태계다. 돈이 많은 대기업이 운영하는 채널이라도 일부 인플루언서에게 고액의 광고비를 지출하면서 광고를 의뢰하는 것이 하나의 사례라고 보면 된다. 무엇이, 왜 터질지 아무도 모르기에 우린 그런 곳에서 승부를 봐야 한다. 작게작게 꾸준히 하나씩 도전하고, 실패하면 다른 방식으로 재도전하면서 확률 싸움을 해야 한다.

내가 가진 돈이 많다면 콘텐츠 영역을 뛰어넘어 사업소득과 임대소득을 추구하고 거기서 얻은 지식과 경험을 콘텐츠로 녹여내도 된다. 하지만 우리 대부분은 평범한 월급쟁이 아닌가? 본인이 지극히 평범하다면 오프라인에서 경쟁하기보다는 비범해질 수 있는 콘텐츠 활동에 집중해보자. 콘텐츠가 바탕이 된 상태로 사업소득과 임대소득을 올린다면 성공할 확률을 매우 높일 수 있다. 사업과 부동산은 인맥이 굉장히 중요한데, 앞서 구축한 인맥 기반 SNS 활동이 이를 빛나게 해줄 것이다.

이렇게 얻은 제2의 소득을 시스템 구축에 활용하거나 나보다 오래 살았고 나보다 오래 살 1등 기업들에 투자하는 쪽으로 자산을 배치해야 한다. 나보다 똑똑하고 돈 많은 사람 옆에 붙어야 콩고물이라도 떨어지듯 본인 실력을 빨리 깨닫고 부족할수록 이들 기업의 지분을 사서 부의 사다리에 올라타는 것이 핵심이다. 결국 내 노동력과 시간 투입을 최소화할 수 있는 완벽한 자본소득은 기업의 배당이다. 따라서 애초부터 쉽게 팔지 않을 현재 1등 기업과 앞으로 1등이 될 확률이 높은 기업들의 지분을 사서 모아가야 한다.

앞으로 주식투자는 용돈벌이 수단이 아니라 노후 준비 수단임을 깨닫고, 단기매매를 통한 차익 추구보다 쉽게 팔지 않을 각 업종 1등 기업들을 한 주라도 더 보유하는 쪽으로 생각을 바꿔보자. 다른 자산과 달리 보유를 지속한다고 해서 보유세를 내는 것도 아니기 때문이다. 시세차익의 누계로 부자가 된 사람은 극히 드물다는 사실을 기억하며 앞으로 자산을 매수할 때 아래 2가지 질문에 답을 해보자.

'나의 노동력과 시간 투입을 줄여줄 수단인가?'
'어떠한 장세가 펼쳐져도 쉽게 팔지 않을 자산이 맞는가?'

노동으로 벌어들이는 소득과 자본으로 벌어들이는 소득을 분리하는 게 정말 중요하다. 나는 그냥 일을 한 만큼 돈을 받지만 자산은 변동성을 견뎌낸 만큼 돈을 벌어들이기 때문이다. 또한 내 노동의 가치를 지키기 위해서라도 둘을 분리해야 한다. 예를 들어 '오늘 내가 출근해서 하루 10~20만 원을 버는데 이렇게 벌어서 뭐해? 오늘 하루 부동산이나 주식 가격의 출렁거림이 몇백만 원에서 몇천만 원, 더 나아가 몇억 원인데!'라고 생각하면 답이 없다.

반대로 투자한 자산 가격이 급등해서 나의 노동 가치를 스스로 깎아내릴 수도 있다. 가장 기초가 되는 근로소득을 스스로가 하찮게 여길 가능성이 높기 때문이다. 함께 일하는 누군가가 이를 인지하여 내가 쌓아온 노동의 가치를 동네방네 훼손시킬 가능성은 물론이고 말이다. 노동소득과 자본소득을 분리하는 건 어렵겠지만 그럼에도 이를 반드시 분리해서 자산시장이 오르고 내리는 것과 무관하게 평소처럼 내 몸뚱이를 굴릴 수 있는 토대를 각자 만들어가야 하는 이유다.

도저히 못 견디겠다면 부자 마인드, 투자 마인드를 더 쌓고 투자에 임하자. 본인 체력이 안 되는 상황에서 뒤처졌다는 생각에 급하게 달리면 피땀 흘려 번 노동소득을 타인에게 내어줄 뿐이다. 자산 변동성에 너무 마음 쓰지 말고 '걔는 걔고, 나는 나다'라는 식으로 사고를 분리해 시장에 참여하자. 그것이 진짜 어려운 시기에 나를 지켜주는 소중한 정신적 자산이 될 것이다.

최근에 자산 가격이 크게 오르면서 아래와 같은 질문을 하는 분들이 많아졌다.

"요즘 회사 생활이 힘들어요. 현재 자산이 얼마쯤 되는데 회사를 관둬도 될까요?"

이 질문에 나는 본인만이 답을 알고 있다고 답변을 하곤 했다. 이러한 질문을 했다는 것 자체가 사실 준비가 덜 되었다고 봐야 한다. 자산 규모도 중요하지만, 그 자산을 지켜내기 위한 체력이 더 중요하다. 그 체력은 매월 정기적으로 나오는 현금흐름과 생활 패턴에 있다. 자산 규모를 떠나서 내가 직장을 그만두었을 때 아무것도 하지 않아도 생활이 유지될 수 있는 별도의 현금흐름이 있는지, 그리고 이전의 생활 패턴을 유지할 수 있는지가 중요하다.

이런 점에서 나는 항상 부족함을 느꼈다. 스스로 만족하지 못했다. 일과 투자 둘을 병행하며 시간을 쪼개서 사용하던 패턴이 무너질 것 같았고, 고정적으로 나오는 급여가 중단됨에 따른 나비효과가 불어 닥치지 않을까 하는 두려움도 있었다. 자산 규모와 관계없이 본인이 유지하던 패턴을 단숨에 버리는 것은 쉽지 않기 때문이다. 나의 자산 규모가 커진다고 현재 내가 누리는 것들을 내칠 생각을 하기보다는 '직장인+투자자' 신분을 유지하기 위한 나름의 전략을 모색해야 한다.

자산 변동성에 흔들리지도 말고, 회사에서 단기 성과가 좋지 않았다고 힘들어하지도 말자. 혹시 한쪽의 결과가 좋지 않다고 다른 한쪽에 그 영향이 미친다면 아직 때가 아님을 느끼고 더 치열하게 삶을 대하자. 나 역시 그렇게 생각하며 자산 규모와 무관하게 시간을 기다리며 하루하루를 보냈다.

근로소득

월급쟁이 생활을 유지하는
동시에 회사 밖으로
나가기 위한 준비를
지금부터 하지 않으면
매번 쳇바퀴 도는 삶을
살 수밖에 없다.

근로소득을 유지해야 하는 이유

1. 시스템 구축을 위한 자금과 시간을 벌기 위한 최적의 무대다

만 10년간의 직장 생활을 돌아봤다. 매월 꾸준히 들어오는 근로소득이 가장 중요했던 것이 사실이지만 직장 생활을 통해 얻던 부가적인 이점도 상당했다. 대한민국 절반이 직장인인 만큼 인구의 50%가 어떤 생각을 하고 있고, 무엇에 관심을 두는지 이해할 수 있었다. 또 회사 타이틀을 활용해 평소 접하기 어려운 분들과 협업하며 업무 전문성과 인간관계 전반을 배울 수 있었다.

그러나 부가적인 이점에 너무 빠져서는 안 된다. 결국 나는 타인이 세운 회사에서 나의 노동력과 시간을 투입한 대가로 소득을 받는 것뿐이다. 월급쟁이 생활을 유지하는 동시에 회사 밖으로 나가기 위한 준비를 지금부터 하지 않으면 매번 쳇바퀴 도는 삶을 살 수밖에 없다.

누군가는 그런다. 또박또박 월급을 주는데 군이 왜 모험을 하냐고 말이다. 물론 맞다. 그러나 지금도 누군가는 회사를 나만의 비즈니스를 위한 무대로 활용하며 언제든 떠날 준비를 한다. 연차가 쌓일수록 업무 전문성은 물론이고 내적이나 외적으로 여유로움이 묻어나는 사람이 되고 싶다면, 회사를 목적이 아닌 수단으로 활용할 줄 알아야 한다. 물론 회사에서 본인의 능력을 십분 발휘하며 성공가도를 달리는 분들도 많다. 그러나 만약 본인이 그렇지 않다면, 그래서 하루하루가 불안하다면 본인의 위치를 빨리 깨닫고 남이 세운 회사에서 남이 시킨 일만 하는 부속품이 되는 것에서 벗어나야 한다. 즉 나만의 시스템을 만들기 위한 기간과 자금을 확보하는 수단으로 회사를 활용해야 한다.

2. 월급이 가진 가치는 상당하다

고정적으로 들어오는 월급이 지니는 가치는 상당하다. 그리고 지금처럼 저금리 기조가 이어지면 이어질수록 월급이 가지는 가치는 배로 늘어난다. 월급이 가진 가치를 계산해볼까?

예를 들어 나의 월 급여가 300만 원이고 은행의 연 이자율이 3%라면, 나 자신을 자산으로 치환해 나의 가치를 계산하면 약 12억 원이다.

월 300만 원×12개월÷3%= 12억 원

-〉12억 원×3%÷12 = 300만 원

내가 가진 것이 없을수록 노동이 지닌 가치를 역산하면, 현재 소득활동에 집중해야 하는 이유가 나온다. 내가 3% 이상 수익을 주는 건물이나 기업의 지분을 보유하고 있다면 다른 생각을 할 수도 있겠지만, 그게 아니라면 철저하게 지금 일에 집중하고 나의 몸값을 키우는 일을 소홀히 해서는 안 된다. 그리고 지금처럼 저금리 시대에는 이전보다 물가가 가파르게 상승하고, 이자율 하락은 사람들의 기대이익을 낮추기 때문에 나의 노동소득의 가치는 상승한다. 예를 들어 이자율이 기존 3%에서 1.5%로 낮아지면 나의 가치는 기존 12억 원에서 24억 원으로 2배 상승한다는 얘기다.

> 월 300만 원×12개월÷1.5%= 24억 원
> -〉24억 원×1.5%÷12= 300만 원

따라서 경기가 어려울수록 바짝 수그려서 회사 생활을 하라는 얘기는, 회사를 나와서 괜히 어려움을 겪지 말라는 단순한 얘기가 아닐 수 있다. 버티는 것 자체가 나의 가치를 높일 수 있기 때문이다.

누구나 각자 자리에서 적잖은 스트레스와 부담을 느끼며 살아간다. 이를 누가 더 잘 컨트롤해서 가져가느냐가 중요한 것이지 이를 벗어나는 게 중요한 게 아니다. 조금 힘들다고 당장 벗어날 생각을 했다면 나의 현 위치를 다시 한번 점검하자. 직장을 다음 단계로 가기 위한 필수 단계로 여기며 자본소득이 노동소득을 초과할 때까지는 우선 버텨야 한다.

내가 좋아하는 사자성어가 있다.

도광양회[(韜光養晦)감출 도, 빛 광, 기를 양, 숨길 회]= 힘을 기르고 때를 기다림.

韜光(도광): 빛을 감추고 밖에 나타내지 아니함.

韜晦(도회): 재덕을 숨기어 감춤.

養晦(양회): 덕을 기르고 종적을 감춤.

즉, 자신을 드러내지 않고 때를 기다리며 실력을 길러야 한다는 뜻으로 직장인 투자자가 꼭 기억해야 하는 사자성어가 아닐까 싶다. 내게 가장 부족했던 부분 중 하나이기도 했다.

언제까지
다녀야 하는 걸까?

그렇다고 끝까지 월급쟁이 투자자로 활동하라는 것이 아니다. 근로소득을 초과한 기타 다양한 소득들이 발생하고 있다면 퇴사 후 이들 활동에 더욱 집중하는 게 효율적일 수 있다. 자본소득이 근로소득을 초과하고, 내가 집중해서 잘할 수 있는 일이 있는데 굳이 퇴사를 미룰 필요가 있을까?

결국 퇴사를 결정하는 요인은 다양한 현금흐름이지 자산 규모 그 자체는 아니다. 자산 팽창기에 매수한 부동산과 주식 등이 많이 올라 총자산 규모가 커졌다고 은퇴를 고려하는 사람들이 생각보다 많다. 그러나 총자산 규모와 경제적 자유는 동일어가 아니다. 총자산이 많은데 이들 총자산에서 나오는 현금흐름, 즉 내 수중에 들어오는 고정적인 돈이 없다면 총자산은 오히려 나의 경제적 자유를 방해하는 수단이 될 수도 있다. 수천 평의 땅을 가지고 있고 고가 아파트를 갭투자를 통해 다수 보유했다고 성급히 은퇴를 하면 분명 훗날 후회할 것이다. 당장 생활비 지출, 보유세 지출, 건강보험료 납부를 위해 힘들게 쌓아온 자산을 쉽게 매도해야 하는 경우가 생길 수 있기 때문이다. 따라서 자산 규모와 함께 꼭 현금흐름을 봐야 한다. 현금흐름이 많은 사람이 경제적으로뿐만 아니라 정신적으로도 부자인 이유다.

다시 돌아와서 자본소득이 근로소득을 초과할 때까지 꾸준히 해나가려면 본인만의 지표를 만들고 이들 지표의 진도율을 체크하는 것이 중요하다. 근로소득 외 창출할 수 있는 기타소득으로 이전에 언급한 4가지 소득이 있다. 콘텐츠 소득, 사업소득, 부동산소득, 주식 배당소득이다. 이들 소득의 합이 근로소득의 몇 퍼센트를 차지하는지 꾸준히 체크하며 부족한 소득을 하나둘 채워서 나간다면 어느 순간 근로소득보다 더 커지는 순간을 마주할 수 있을 것이다. 즐겨 찾는 블로거 중 '구로동 최선생님'이라는 분이 있다. 이분을 통해 알게 된 지표는 다음과 같다.

DSCR = Dividend Salary Coverage Ratio

쉽게 표현하면 '내가 현재 받는 근로소득 중 배당소득이 몇 퍼센트가 되는가'를 뜻한다. 나의 월 급여가 300만 원이고, 월 배당금이 30만 원이면 DSCR은 10%라는 것이다. 이를 바탕으로 콘텐츠 소득이 나의 근로소득 중 몇 퍼센트를 차지하는지, 사업소득과 부동산소득이 나의 근로소득 중 몇 퍼센트를 차지하는지도 함께 점검해보고, 부족한 부분이 있다면 채워도 보자. 반대로 잘하고 있는 부분이 있다면 해당 분야에 더 많은 시간과 노력을 투입해보는 건 어떨까?

세상은 그리 만만하지 않다. 모두가 자기가 원하는 시간, 원하는 장소에서, 원하는 사람과, 원하는 일을, 원하는 만큼 할 수 있는 나만의 상황을 갖길 원한다. 내가 당장 힘들다고 탈출할 것이 아니라 오히려 더 부지런히 기타소득을 창출하는 데 열과 성을 다하겠다고 다짐하자. 또 이들 소득이 어느 정도 올라왔다고 동료 및 선후배를 멸시하지는 말자. 경제적 자유를 이뤘다고 나의 소중한 본업과 소중한 사람들을 무시하는 순간 쌓아온 것들이 한 번에 무너질 수 있다.

결국 기타소득이 근로소득을 초과하는 순간까지 부지런히 월급쟁이 생활을 영위해야 한다. 정말 힘들고 부질없고 배우는 게 없다는 생각이 들지라도 이를 꽉 물고 이들 소득이 나의 현재 근로소득 수준에 올라올 때까지 '도광양회' 정신으로 최대한 조용히 본인 것을 챙기며 다녀야 한다. 여기서 '본인 것을 챙긴다'는 건 결국 나보다 뛰어난 모델을 발굴하고 이들 모델에 투자를 하는 것이다.

그 모델은 SNS 플랫폼을 활용한 셀프 브랜딩 작업, 1등 프랜차이즈 시스템을 활용한 브랜드 창업, 우수한 입지의 1등 부동산, 각 업종 1등 기업의 지분을 사는 것이다. 이런 것들이 바탕이 된 상태에서 스스로에게 물어보자.

'퇴사해도 될까?'

물론 망설임 없이 얘기할 수 있는 사람은 많지 않을 것이다. 그러나 주어진 시간을 지금보다 더 효율적으로 사용할 자신이 있고, 급여 수준의 기타 현금흐름이 있다면 굳이 퇴사를 미룰 이유는 없다고 본다. 우리에게 주어진 시간은 생각보다 많지 않다. 그리고 세상에서 할 수 있는 일은 생각보다 많다.

퇴직 전 꼭 해야 하는 것

그렇다. 퇴직 전에 꼭 해야 하는 것들이 있다. 근로소득자가 갖는 장점은 크게 3가지가 있다.

대출한도, 고정적인 현금흐름, 4대보험

우선 퇴직 전 회사 신용을 활용해서 내 집을 마련하는 것을 추천한다. 나의 가족이 지낼 작은 보금자리를 마련하지 못한 상태에서 함부로 퇴사 결정을 하지 않았으면 한다. 나는 퇴직 결정 전 이런 생각을 하곤 했다. 만약 내 가족이 안전하게 머물 수 있는 보금자리를 마련하지 못했다면 나는 어떤 선택을 했을까? 절대 퇴사하지 않았을 것이다. 아니 못했을 것이다.

당장 현금흐름이 끊겨서 내 집 마련이 어려워진다는 얘기가 아니라 회사 신용이 담보가 되었기에 나의 신용도 유지될 수 있었다는 사실 때문이다. 내가 퇴사하면 은행에서 바로 연락이 온다. 카드 한도도 줄어들고, 신용점수도 하락하고, 담보대출을 제외한 일반 신용대출이 있다면 상환 요청도 들어온다. 그리고 앞으로 소득 증빙이 되지 않기 때문에 신규 대출에 제한이 생긴다. 물론 내 집 마련을 위한 담보대출 한도에도 제약이 생긴다. 그러나 재직 중에 회사 신용과 나의 소득 정보를 활용하여 담보대출을 한껏 받아 놓는다면 퇴사를 하더라도 어떠한 상환요청도 들어오지 않는다. 화폐가치 하락으로 내 담보대출 부담은 줄어들고, 담보대출을 일으켜 산 집의 가치가 올라가는 걸 지켜보며 변동성을 감내할 수 있다. 그러나 퇴직 후 이를 깨닫는다면 그때는 이미 늦다.

또한 퇴직을 해도 2대 보험에 대한 납부 의무는 지속된다. 국민연금과 건강보험이다. 국민연금은 납부 예외 신청이 가능하다. 다만 건강보험은 퇴직과 동시에 지역가입자로 전환되어 부담이 클 수 있다. 직장가입자의 건강보험료는 재산과 무관하게 급여 수준에 맞춰 책정되지만, 지역가입자는 세대 구성원 모두의 재산을 고려해 책정되기 때문이다.

퇴직, 즉 이직이 아닌 근로 생활의 종지부를 찍고 경제적 자유인의 삶을 살아갈 우리들이기에 퇴직 전후로 법인을 설립해 나만의 사업체를 미리 꾸리는 것을 추천한다. 퇴사 전이라도 상관없다. 직장 생활을 병행하면서도 법인을 만들고 대표 겸직이 가능하기 때문이다. 급여 책정 상한만 지키면 현재 다니고 있는 회사와 충돌이 발생할 일은 없다. 주변을 보면 법인을 하나의 노후 수단으로 키워가는 자산가들이 많다. 법인에서 벌어들인 수입을 누적해 회사 규모를 키우고, 퇴사와 동시에 대표자 급여 책정을 통해 직장가입자 신분을 유지할 수 있기 때문이다.

입사와 동시에 퇴사를 준비하라는 말이 있다. 남이 세운 회사에서 평생 일하는 것이 목표가 아니라 해당 회사의 시스템을 잘 익히고, 나만의 회사를 세우는 것이 목표가 되어야 한다. 현재 나는 주거지 근처 작은 사무실로 출근해 업무 패턴을 잡아가는 중이다. 오전에는 대부분 투자 아이디어를 정리하고 콘텐츠를 만드는 데 시간을 보내고 오후에는 사람들을 만나거나 새로운 투자 물건을 보는 등 외부 활동을 하는 편이다. 시간에 쪼들려 지내다가 갑자기 개인 시간이 많아지니 처음엔 어색하기도 하고 무기력함을 느꼈다. 그러나 그것도 잠시였다. 동일하게 주어진 오전 9시~오후 6시가 달리 다가오기 시작했다. 누가 시킨 일을 하며 보냈던 9시간과 내가 하고 싶은 일, 나를 위한 일을 하며 보내는 9시간은 180도 달랐다. 하루하루 지날수록 내게 주어진 시간의 소중함을 느끼고 더 효율적으로 움직이고 있다.

내 이름 석 자가 박힌 회사를 세우기 위한 자금과 시간을 확보하는 수단으로 현재 다니는 회사를 활용하는 쪽에 집중하면 누구나 나만의 시간을 확보할 수 있다. 누구에게나 퇴직은 두려움의 대상이다. 그러나 지금 내게 주어진 일을 충실히 하는 가운데 미래를 준비한다면 갑작스런 퇴사 권유에도 웃을 수 있을 것이다.

종잣돈 모으는 팁

1억 원까지는 한 푼이라도 더 벌고, '이렇게까지 절약을 해야 하나?' 싶을 정도로 구두쇠처럼 아예 소비를 통제하며 살아야 한다. 그 기간이 지나면 이전처럼 살지 않아도 된다. 즉 치열하게 사는 기간을 줄이려면 치열하게 살아야 한다. 초반부터 고수익·고위험을 좇기보다는 종잣돈을 모아보자. '절약은 중요한 게 아니야'라고 배부른 소리하는 사람들을 조심해야 한다. 애초부터 우리와 결이 다른 사람일지도 모르니까 말이다. 단계를 밟고 올라간 사람이라면 초반에 절약이 얼마나 중요한지 절실히 느꼈을 텐데 어떻게 그런 말을 쉽게 할 수 있을까 싶다. 한번 길들인 습관은 평생 간다. 돈 벌었다고 펑펑 쓰기 시작하는 순간 무너진다.

종잣돈을 모으는 초반에 해야 하는 절약은 사실 덜 쓰는 게 아니라 아예 안 쓰는 것이다. 재테크 초판에는 주말에 부업으로 대리운전을 뛰든, 커피숍·편의점 아르바이트를 하며 해당 시스템 구조를 이해하는 기회로 삼든,

SNS 채널에서 본인의 가치를 키우든, 스마트스토어를 하든 에어비앤비·쉐어하우스 등 공간 임대를 하든 자산 투자로 큰돈을 벌 생각보다는 자본 투입을 최소화하고 노동 강도를 높여서 노동을 통해 벌 생각을 하는 것이 좋다고 본다. 인고의 시간이 있어야 앞으로 쌓을 부도 잘 지켜낼 수 있기 때문이다. 물론 틈틈이 소액 투자는 이어가야 한다.

그러나 최소 금액이어야 하고 어떤 하나가 맞다고 무분별하게 투자를 하면 안 된다. 괜히 종잣돈을 더 빠르게 모으겠다고 무분별하게 투자하다가 기간이 더 길어지는 경우를 많이 접했다. 물론 그렇지 않은 사람도 있지만 내 주변 평균은 그러했다. 초반엔 피땀 흘려 더 버는 플러스(+)와 덜 쓰는 마이너스(-) 게임을 꾸준히 이어가야 한다. 머리 쓰지 말자. 원래 종잣돈은 그렇게 모으는 것이다. 오히려 시작부터 한 번에 1억 원이 모였다고 하면 10억 원, 50억 원, 100억 원이 어려워질 수 있다고 믿자. 돈은 시간과 비례해서 벌리는 법이니 말이다.

그렇게 몸뚱이를 더 굴려서 더 벌고, 소비를 극도로 통제하며 목표한 종잣돈을 모았다면, 그다음부터는 본격적으로 투자를 전개해야 한다. 내가 생각하는 종잣돈의 기준은 1억 원이다. 1억 원은 1인 가구 기준 내가 거주할 작은 보금자리를 마련할 수 있는 최소한의 돈이자 복리수익 및 레버리지 활용 면에서 큰 효용을 가져오는 금액이기 때문이다. 1억 원까지는 더 버는 영역인 플러스와 덜 쓰는 영역인 마이너스가 적용된다면, 1억 원 초과부터는 복리의 영역인 곱하기와 나누기가 적용된다.

1억 원이라는 자금으로 본격적인 투자를 시작한다면 복리의 양면도 이해하게 된다. 복리는 플러스 방향도 적용되지만 마이너스 방향으로도 적용되기 때문이다. 자금이 커질수록 집중투자보다 분산투자를 통해 리스크를 낮추는 활동이 필요한 이유다. 투자 시작 단계라 투자금이 적다고 할지라도 함부로 집중투자를 하지 말고 다양한 자산에 고루 투자하며 경험을 쌓고 리스크를 분산하는 노력을 해보자. 소액이라도 분산하는 습관을 길러야 고액으로도 복리수익을 얻을 수 있다. 항상 기억해야 한다. '나는 단기간에 사고팔며 시세차익의 누계로 부자가 되려는 것이 아니라, 장기간에 우량자산을 사서 모아 복리수익을 얻는 투자자가 되겠다'라고 말이다. 한두 번의 투자로 빠른 시일 내 경제적 자유를 이루겠다는 생각은 패망의 지름길이다.

'투자자' 재정의 하기

종잣돈을 투자의 재원으로 활용하기 전, '투자자'라는 단어부터 재정의 할 필요가 있다. 투자자란 투자 소득을 창출하기 위해 시장에 만연한 온갖 편견과 고정관념을 버리고 돈이 보이는 곳을 찾아 부지런히 움직이는 사람을 뜻한다. 따라서 투자자는 외로운 존재이기도 하다. 대중의 편견 탓에 버려진, 그래서 관심에서 벗어난 '곳'과 '것'에 집중해야 하기 때문이다. 이래서 안 돼, 저래서 안 된다고 모든 걸 가리기 시작하면 답이 없다. 답이 없다고 하는 것에서도 답을 찾고자 노력할 때 답을 찾을 수 있는 법이다.

부모님은 같은 자리에서 15년간 개인 제과점을 운영하셨다. 그 당시에도 아버지는 일찍 출근해서 반죽작업을 했지만, 그보다 빨리 출근해서 청과시장에서 좋은 청과를 사오는 건너편 청과 사장님이 계셨다. 모두에게 공평하게 뿌려진 청과 가격을 놓고, 그 안에서 더 나은 청과물을 골라오는 사장님의 안목 덕분에 해당 청과점은 항상 손님들로 붐볐다.

누구보다 빨리 청과시장에 가서 더 나은 청과물을 골라서 시장에 공급하는 청과 사장님처럼 우리도 그런 나만의 기준값이 필요하다. 다 같은 과일, 채소라도 모두 맛과 향이 다르듯 그 안에서 옥석을 가릴 수 있는 능력을 키우는 데 집중해야 하는 이유다. 그 능력은 누가 알려주는 것도 아니고 본인이 여기저기 경험하며 깨져 보기도 하고 성과를 내보기도 하며 키워야 한다. '하락장이 오면 투자해야지, 또는 상승장 초입이니 이제 투자해야지'라고 타이밍을 재는 것보다는 지금 현재의 시장을 바라보고, 그 시장 내에서 내 포지션에 맞는 답을 찾기 위해 고심하는 시장 참여자가 되어야 한다. 그게 바로 투자자다. 실패할 수도 있다는 가정 하에 대상을 바라보고, 실패 또한 향후 더 큰 실패를 줄이는 기준값이 된다고 여길 줄도 아는 담대함이 필요하다.

또한 투자자는 항상 대중과 반대로 가는 와중에서도 내가 다 안다고 생각하면 안 된다. 언제나 틀릴 수도 있다는 가정 하에 틀리지 않을 확률을 높이는 활동을 전개해야 한다. 모든 이해관계가 맞물린 곳이 시장인 만큼 내가 100% 맞다는 확신이 들지라도, 100% 틀릴 수도 있다는 가정 하에 작게 작게 실행하고 그 실행에 대한 경험의 대가를 누적해가는 투자자가 되자.

2

콘텐츠 소득

자본주의 사회에서는
소비자가 아닌
생산자가 되어야 한다.

자기 PR 시대, 모두가 생산자가 되어야 한다

지금은 자기 PR 시대다. 그러나 꼭 실존하는 무대가 있어야만 PR이 가능한 시대는 아니다. 우리가 이용하는 다양한 SNS 채널이 전부 무대라는 얘기다. 앞서 소개한 것처럼 우리는 지금 언제, 어디서, 무엇이, 어떻게, 왜 터질지 모르는 복잡계 생태계에 살고 있다. 유형의 자산을 사서 모아가기 위한 사전 단계로 자신이 경험하고 배워온 것들을 바탕으로 무형의 자산을 만들어 시장에 공급해야 하는 이유이기도 하다. 각자의 활동들이 지금은 하찮게 보일 수도 있겠지만 그럼에도 우리의 경험 중 일부는 분명 누군가에게는 큰 도움이 된다는 사실을 기억해야 한다.

특정인을 대상으로 지식과 경험을 한정적으로 제공하면 어려움을 겪을 수도 있다. 그러나 복잡계 생태계에서는 더 많은 채널에서 여러 상대에게 다양한 방식으로 가치를 만들어 제공하는 가짓수를 누적해간다면 해당 생태계에서 분명 상위 10% 안에 들 수 있다. 중요한 것은 나의 의지다. 어떠한 일이 있더라도 하루도 빠짐없이 매일 무언가 생산해서 제공하겠다는 꾸준함과 끈기 말이다.

여러 채널이 있겠지만 나는 블로그를 추천한다. 영상미디어 시대에 텍스트 기반 채널을 왜 추천하냐고 할지도 모른다. 나의 대답은 이렇다. 글이 주는 묵직함과 생각을 차분하게 정리할 수 있는 점이 좋다. 또 무엇보다 나보다 앞서간 멘토들의 글을 꾸준히 받아볼 수 있으며, 이분들의 글로 인해 내 생각을 정리하며, 나의 지식수준을 한 단계 끌어올릴 수도 있다. 난 이게 가장 중요하다고 본다. 부족한 내가 1등에 가까워지기 위한 최고의 방법은 1등을 추적하고 내 상황에 맞게 벤치마킹하는 것이기 때문이다. 또한 여러 블로거와 지속적으로 글을 주고받고 교류하며 오프라인에서 만나 뜻하지 않은 기회도 잡을 수 있다.

나의 생각을 공유한다는 것이 쉬운 건 아니다. 그럼에도 제로 비용, 최대 효과를 낼 수 있는 일일 과제로써 스스로 의무감을 부여하고 꾸준히 써나간다면 나의 글도 남들처럼 돈이 될 것이다. 1일 1포스팅을 최우선 과제로 삼고 언젠가는 나의 정보가 돈이 될 것이라는 믿음을 가지고 매일 포스팅을 해보자. 꾸준히 하는 사람을 이길 순 없다. 이전에 한 블로그에서 이런 글을 옮겨온 적이 있다. 허락을 받고 인용한다.

무조건 상위 10% 안에 드는 방법
"건방진 소리 같지만, 난 동료들에게 시장의 90%는 애초에 우리 경쟁

상대가 아니라고 말한다. 동기부여 차원에서 하는 말이기도 하지만 실제로 90%보다 잘하는 건 일도 아니다. 방법도 아주 간단하다. 그냥 매일 뭔가 꾸준히 하면서 계속 버티기만 하면 된다. 이게 전부다. 신규 팟캐스트의 80%가 6개월을 못 버틴다. 반년만 버텨도 이미 80%보단 잘하는 셈이다.

이게 연 단위로 가면 더 심하다. 난 1년 이상 매일 콘텐츠 올리는 블로그를 거의 못 봤다. 뭐든 1년만 꾸준히 하면 성과가 안 나올 수 없다. 영어 회화 학원에 다닌 적이 있다. 새벽 수업에 등록했더니 딱 2주 만에 나오는 사람이 1/5로 줄었다. 3개월 과정이 다 끝날 때까지 한 번도 안 빠진 건 오직 나뿐이었다. 심지어 선생도 결석한 날이 몇 번 있었을 정도다.

그때 깨달은 건 뭔가 꾸준히 하는 건 그 자체로 특별한 것이고 이렇게 성실할 수 있는 타입은 10%도 안 된다는 사실이다. 그래서 난 뭘 하든 90% 정도는 경쟁자라 생각하지 않는다. 그들의 근성과 열정이란 유통기한이 라면만도 못하니까. 매일 꾸준히만 해도 대다수를 이길 수 있다니. 이 정도면 도전할 만한 가치가 있지 않나? 근데 꾸준히 하려면 재밌어야 한다.

잘하고 싶다면 자신만의 재미 포인트 하나 정도는 찾아야 한다. 안 그러면 오래 버틸 수 없다. 나보다 열심히 하는 사람은 많이 봤지만, 나보다 오래 하는 사람은 거의 못 봤다. 시간 지나니 제일 잘하는 건 끝까지 남은 사람이다. 오래 살아남는 게 강한 것이고 그러려면 뭐든 스스로 즐길 수 있는 걸 해야 한다. 잘하려고 애쓸 필요 없다. 그저 꾸준히만 하면 된다.”

[출처: 머니맨(http://moneyman.kr/archives/4140)]

정보의 비대칭성을 떠나서 같은 정보를 받고도 누구는 성공하고 누구는 실패하는 이유는 그 사람이 가진 멘털과 체력에서 나온다. 이처럼 꾸준히 하는 것은 정신적으로나 육체적으로나 힘든 게 당연하다. 머리로는 해야겠다고 10번 생각해도 몸이 안 따라주면 꾸준히 할 수 없다. 반대로 몸은 앞서는데 멘털이 부족하면 이내 포기하는 게 사람이다. 따라서 꾸준히 하는 사람을 이길 수 없는 것이다. 상위 10%와 하위 10%를 나누는 기준은 '꾸준함'이라는 사실을 기억하고 의식적으로 매일 해야 할 것들을 정리해보자. 그 첫 번째가 일기를 쓰듯 블로그 포스팅을 하는 것이 되었으면 한다.

블로그를 기반으로 다양한 SNS 채널에 진입하라

2016년, 네이버 블로그 포스팅을 시작했다. 좋은 글이 비공개 처리되어 갑자기 사라질 것을 대비해 내 블로그로 옮겨 오래두고 보기 위한 수단으로 사용했다. 좋은 글을 계속 접하다 보니 나도 글을 쓰고 싶다는 생각이 들었다. 그 당시 투자시장에 발을 푹 담근 상황이라 다양한 투자자들의 투자 사례를 보고 내 상황에 맞게 수정하며, 그렇게 실제 나의 투자 과정을 기록하기 시작했다. 비슷한 관점을 가진 사람들이 하나둘 방문하고, 나 또한 앞서간 분들과 지속적으로 교류하며 지식수준을 한 단계 올릴 수 있었다. 초반엔 100% 나 자신을 위해 기록했고, 내 목표를 다수에게 알리며 목표 달성을 위한 셀프 동기부여 수단으로도 활용했다.

그러나 시간이 지나면서 내 글을 반기는 사람들이 하나둘 늘어났고

방문자 관점에서 정보를 제공해야 한다는 부담감도 늘어났다. 매일 하루도 빠짐없이 양질의 글을 써야 한다는 강박관념은 한때 슬럼프를 가져오기도 했다. 그러나 그것도 잠시였다. 길거리를 걸으면서도, 사람을 만나고 책을 읽고 영상을 보는 순간에도 이렇게 좋은 내용들이 휘발되기 전에 빨리 기록하고 이웃들에게 공유하고 싶었다. 사실 피드백을 받고 싶었던 것인지도 모르겠다.

나를 위해 작성한 글을 다수에게 공유하며 얻는 피드백의 힘은 엄청나다. 글 자체는 내가 평소 하는 생각의 전부라서 타인의 의견을 통해 고정관념을 깰 기회를 얻을 수 있기 때문이다. 그렇게 자기성찰의 수단, 정보 공유의 수단, 새로운 기회를 만들어주는 수단, 내 모든 것을 기록하는 수단, 나를 한 단계 발전시키는 수단으로 5년간 블로그를 운영하며 약 4,500개의 글을 썼다. 1년에 1,000개, 하루 약 3개의 글을 쓴 셈이다. 첫 문단을 쓰는 데 3시간이 걸렸던 내가 지금은 하루에 3개씩 글을 쓰고 이렇게 책을 쓰는 기회까지 얻었다. 시작은 늘 두렵다. 그러나 누구나 마찬가지다. 그래서 당장 시작해야 한다. 아주 단순한 것도 좋다. 약간의 의무감을 부여해 오늘부터 즉시 1일 1포스팅을 해보는 것은 어떨까? 1일 1포스팅을 하지 않으면 진짜 큰일난다는 생각으로 의무감을 부여해서 말이다.

블로그는 복잡계 생태계는 아니다. 단지 복잡계 생태계로 나아가기 위한 과정의 일부로 보는 것이 맞다. 따라서 여기서 한 번 더 나아가야 한다. 복잡계 로직이 적용되는 대표적인 채널이 이미지 기반의 인스타그램과 영상 기반의 유튜브다. 이 두 곳은 내가 원하지 않은 이미지와 영상이 다수에게 자동 추천되며 새로운 구독자를 유입시킬 수 있는 채널이다. 어떤 채널보다 공평한 생태계가 복잡계라고도 할 수 있다. 대기업에서 돈을 쏟아도 100만 구독자 채널을 만들기 어렵다는 게 이에 대한 방증이다. 안 되면 계속 시도하면 된다. 비용이 드는 것도 아니고, 설령 아무도 보지 않는다고 할지라도 내게 도움이 되는데 꾸준히 하지 않을 이유가 없다.

세계적으로 유명한 동기부여가가 있다. 나의 마음속 멘토 중 한 명인 게리 바이너척이다. 그는 하루 64개 콘텐츠를 생산하여 매일 업로드를 한다. 꾸준함이 주는 미덕을 강조하며 뱉은 말을 몸소 실천하며 성장한

최고의 동기부여가 중 한 사람이다. 그가 최근에 하루 64개 콘텐츠를 생산하는 방법을 기술한 PDF 자료가 있다. 해당 PDF 자료는 아래 QR코드에서 받을 수 있다.

그의 표현대로 하루에 64개 콘텐츠를 빠르게 올리는 팁을 소개한 자료로, 단 하나의 이야기일지라도 해당 이야기를 각 플랫폼에 맞게 수정해 업로드함으로써 노출을 극대화했다. 자기 PR 시대에 게리 바이너척도 쉬지 않고 자기 PR을 통해 본인 몸값을 올리고 대중에게 긍정적인 영향을 주고 있다.

이렇게 꾸준히 매일 의미를 부여해서 실행한다면 분명히 기회는 찾아온다. 지금까지는 스스로 발전을 위해서 정리를 해왔다면 앞으로는 이들 정보와 경험이 뜻하지 않은 수입으로 연결되는 순간이 올 것이다. 출판사 의뢰가 와서 나만의 책을 집필할 수도 있고, 스스로 전자책을 출간할 수도 있고, 나의 경험과 정보를 원하는 다수를 대상으로 강연을 할 수도 있고, 향후 어떠한 사업을 전개할 때 사업을 홍보하는 채널로 활용할 수도 있다. 그러나 전제는 절대로 이를 염두에 두고 시작하면 안 된다는 것이다. 철저하게 나의 패턴을 잡아가고 나의 이야기를 정리하는 수단으로 접근해야 한다. 초반부터 수익을 내고 싶다는 얄팍한 생각을 한다면 본인 스스로 지쳐서 그만두게 될 것이다.

지금도 누군가는 세상에 몸을 던져 본인의 지식과 경험을 쌓고 이를 대중에게 전달하며 영향력을 키우고 있다. 이 사실을 잊지 말고 내게 오늘 주어진 시간을 소중히 여기고 무언가를 생산해보자. 남이 쓴 콘텐츠를 소비만 하는 주체가 아니라 오늘부터 나도 콘텐츠를 제공하는 생산자가 되겠다고 다짐해보자. 시작이 반 아닌가? 잠시 책을 내려놓고 블로그 홈페이지를 열어 떠오르는 생각을 당장 기록해보자. 내 인생을 바꾸는 최고의 수단이 될 것이다.

하루 64개 콘텐츠를 생산하는 방법

나만의 플랫폼에서 지식 창업하기

주변을 보면 남의 플랫폼에서 남을 위해 일을 하며 자신을 위해 일을 한다고 생각하는 사람들이 있다. 온라인 창업도 오프라인 창업과 마찬가지다. 오프라인 창업 시장에서 괜찮은 입지에 위치한 타인의 건물에 임대계약을 맺고 월세를 내고 건물주 눈치를 살피듯, 온라인 플랫폼도 마찬가지다. 일정의 수수료를 지불하고 나의 경험과 정보를 제공하더라도 해당 플랫폼 운영자의 눈치를 보지 않을 수는 없다. 오프라인 상점이 곧 온라인 플랫폼인 셈이다. 이처럼 온오프라인 상관없이 모든 것은 플랫폼에서 시작된다. 온라인상에서 내게 맞는 플랫폼을 찾고 그 플랫폼을 나의 공간으로 만드는 활동이, 판매하는 상품만큼 중요한 이유다.

평소 강의 요청이 많이 들어오는 편인데 죄송하게도 지금까지 단 한

번도 응한 적이 없었다. 나보다 훨씬 훌륭한 분의 강의 요청에도 모두 거절을 했다. 1차적으로는 아직은 투자에 더 집중을 해야 할 때라는 점에서, 2차적으로는 무엇을 하더라도 내가 만든 플랫폼에서 해야 한다는 점 때문이었다. 투자를 하며 거대 플랫폼을 만든 사람들을 많이 접했다. 여러 플랫폼을 둘러보며 느낀 것이 하나 있다. 각 플랫폼마다 특유의 분위기, 규율이 있다는 점이다.

타인이 만들어놓은 플랫폼에서 나만의 이야기를 내 방식대로 한 경우 문제가 된 사례도 접했고, 여기저기 타인의 플랫폼에서 영향력을 펼치며 오히려 본인의 색깔을 잃어버리는 사례, 그리고 일부 사람과 엮여서 함께 무너지는 사례도 많이 접했다. 물론 본인의 플랫폼이 없다면 타인의 플랫폼을 활용해 영향력을 키우는 건 굉장히 좋은 방법이다. 그러나 그것이 전부라고 생각하고 참여하는 것과 나도 나만의 플랫폼을 만들겠다고 다짐하고 참여하는 것은 하늘과 땅 차이인 만큼 항상 어디서든 좋은 사례가 있다면 벤치마킹하려고 노력해야 한다.

위에서 블로그부터 유튜브, 인스타그램까지 순서대로 하면 좋다고 한 것은 나의 방식일 뿐이다. 본인에게 맞는 것을 찾아 하나둘 키워가는 것이 중요하다. 나의 생각을 전달하는 데 영상이 편하다면 유튜브로 시작하고, 글쓰기가 맞다면 블로그부터 시작하면 되는 것이다. 다만 유튜브는 얼굴 노출이나 목소리 노출이 거의 필수적인 만큼 직장인 신분에서 부담이 될 수가 있기에 글쓰기를 추천했을 뿐이다. 앞서 말한 것처럼 '도광양회', 즉 조용히 숨어서 실력을 기르는 것이 우선이기 때문이다.

애매하게 뭣 좀 해보려고 하다가 누군가에게 발각이 되면 그때부터는 일상이 피곤해질 확률이 상당히 높아진다. 인플루언서 상당수는 이를 겪어봤을 것이고 겪어본 사람은 이게 얼마나 사람을 피곤하게 하는지 잘 알 것이라 본다. 이를 감내할 체력이 되거나 안티프래질 측면에서 무기로 활용할 수 있다면 문제가 없지만 보통의 경우 쉽지만은 않을 것이다. 내가 지금의 위기를 모두 안티프래질 요소로 활용했다고 해서 모두에게 이를 강요할 수는 없다. 애초부터 발각이 되지 않는 범위 내에서 움직이라고 솔직하게 얘기를 전하는 이유다.

보통의 경우 글쓰기를 통한 현금흐름 창출은 다음과 같은 과정을 거친다.

1. 방문객 유입

방문객 유입을 늘리기 위해 키워드 최적화를 하는 것은 기본이고, 가능만 하다면 최소 하루 2~3회 포스팅을 통해 작성 건수로 승부를 보는 것을 추천한다. 하루도 빠짐없이 매일 포스팅을 하며 느낀 것이 또 하나 있는데, 그건 바로 많은 시간을 투입해서 나의 생각을 100% 녹여서 작성한 포스팅보다 문득 떠오른 생각을 간단히 10분간 기록한 포스팅의 반응이 좋았던 적이 더 많았다는 것이다. 같은 그림을 보고도 사람마다 느끼는 바가 다르듯 글도 마찬가지다. 글을 접하는 순간 독자가 어떤 상황에 있는가에 따라 좋은 글도 나쁘게 읽히고, 나쁜 글도 좋게 읽힌다는 걸 많이 느꼈다. 포스팅의 질이 가장 중요하지만 그것이 꼭 전부는 아닐 수 있다는 것이다. 더 많은 독자에게 더 다양하고 많은 내용을 여러 시간대에 제공하는 쪽으로 방향을 잡아보자. 포스팅 자체에 너무 많은 에너지를 쏟고 그에 비례한 반응을 기대하지 말자. 꾸준히 지속할 수 있는 구조를 만들고, 그 과정을 즐기다 보면 결과물은 자연스레 따라올 것이다.

2. 전자책, 강의

나의 이야기에 귀를 기울여주는 사람들이 역으로 강의 요청을 하기 시작하면 그때부터 책을 쓰고 책을 바탕으로 강의를 해도 된다고 본다. 누군가는 책을 쓰고 강의를 한다고 하면 그럴 줄 알았다며 고개를 절레절레 흔든다. 그러나 이는 남의 노력을 폄하하는 데서 비롯된 패턴일 뿐이다. 이런 것에 흔들릴 것이 아니라 속으로 '그럼 너도 하면 되는 것 아니야?'라고 넘기는 게 중요하다.

모든 건 기본적인 것에서 시작된다. 결국 실행을 해서 결과물을 만들어냈는지가 중요한 것이다. 다시 정리하면, 포스팅한 글들을 보고 출판사에서 연락을 주는 경우도 있고 그게 아니라면 본인이 직접 연락을 하거나 이것이 부담이 된다면 중요한 내용만 추려서 간략하게 전자책으로 출간하는 방법이 있다. A4 20~30쪽 분량으로 중요한 부분만 추려서 전자책을 출간하는 것이다. 판매와 동시에 부가 서비스(1:1 상담)를 추가하여 급여 이상의 현금흐름을 내는 이들도 상당히 많다.

이렇게 전자책을 만들었다면 본인 플랫폼에서도 판매하고, 전자책 플랫폼에 수수료를 지불하는 식으로 판매 채널을 다각화해야 한다. 초반에는 전자책 가격을 낮추어(프로모션 가격 책정) 후기가 쌓이기 시작하면 그때부터는 정상 가격으로 판매하거나 오히려 판매가를 높이는 식으로 접근해도 좋다. 일반 오프라인 서적과는 달리 전자책은 확실한 수요자만 구매한다.

즉 저렴한 가격에 나의 정보를 얻고자 하는 사람들도 있지만 반대로 충분한 비용을 지불하고 확실한 정보를 얻으려고 하는 이들도 상당히 많다는 것을 이해해야 한다. 그렇게 책이 나오면 책을 바탕으로 강의를 하는 게 좋다. 책을 단순히 강의를 위한 도구로 사용하라는 것이 아니다. 책 내용이 괜찮다면 내가 원하지 않아도 추가 내용을 듣고자 하는 수요층은 반드시 생긴다. 저자도 책에 담지 못한 부분이나 추가 설명을 하고 싶은 부분이 있을 것이고, 독자도 책을 읽으며 궁금한 내용이 분명 있는 만큼 이 간극을 해소하는 매개체로 사용하는 것이 중요하다.

결국 이 역시도 최소 비용 최대 효과를 낼 수 있는 활동 중 하나라고 할 수 있다. 실패를 하더라도 일상생활에 전혀 문제가 없는 수준에서 최소 비용을 투입해 꾸준히 무언가 생산하고 공유하는 활동을 지속해보자. 10회 중 2회는 어떤 식으로든 내게 보답할 것이다.

다양한 일을 처리하는 방법과
힘들 때 내가 하는 방법

나는 앞뒤 가리지 않고 우선 일을 벌리는 스타일이다. 그렇게 이것저것 일을 벌려 놓으면 사람은 움직이게 된다. 초반엔 일이 쌓일 수 있다. 그러나 누적이 되기 시작하면 반드시 누군가에게 피해를 주게 되는 게 일인 만큼 효율적인 방안을 찾아 움직일 수밖에 없다. 앞서 얘기한 것처럼 초반엔 나의 노동력과 시간을 과도하게 투입한다. 그렇게 하다 보면 자동화 가능한 부분들이 보이기 시작한다. 예를 들어 편의점의 경우 초반 6개월은 평일 퇴근 후 저녁 그리고 주말 오전에 시간을 투입하며 시스템을 익히는 데 시간을 보냈다. 위임이 가능한 부분을 찾았고, 매니저를 채용해서 발주와 인력 관리까지 넘기며 반자동화 시스템을 만들었다.

핵심은 초반에 무리하다 싶을 정도로 시간과 노동력을 투입하여 시스템을 익힌 후 상대에게 위임하는 것이다. 또한 평일 시간을 타이트하게 가져 가며 잔여 시간을 확보하는 게 중요하다. 과거 나를 떠올려보면 평일에 무엇을 해야 할지 고민하며 많은 시간을 낭비하곤 했다. 이런 것을 방지하기 위해 일요일에 평일 스케줄을 계획하여 주중에 머뭇거리며 낭비하는 시간을 많이 줄였다. 그리고 느낀 것이 하나 있다. 시간이 없다는 건 다 핑계라는 사실을 말이다. 실제로 노트에 오늘 해야 할 일을 적어보면 생각보다 적어서 소스라치게 놀랄지도 모른다. 나름 다양한 활동을 병행하며 지냈지만 시간이 부족해서 힘들다는 생각은 해본 적이 없다. 결국 잠자는 시간을 뺀 나머지 16~18시간 동안 무엇을 하는지가 중요하다. 시간을 잘 분배해서 오늘 해야 할 일들을 잘 마무리했다면, 그래서 여유시간을 확보했다면 운동도 하고 사람도 만나고 사색도 하며 그 시간을 온전히 나를 위해 쓰자. 이것이 바로 다양한 일을 처리하면서도 즐거울 수 있었던 방법 중 하나가 아닐까 싶다.

3

사업소득

편의점을 선택한
또 다른 이유는
최소 비용과
최소 리스크로
최대 효과를 낼 수 있는
업종이란 판단이 들어서다.

사업을 함에 있어서 우선 나의 위치와 능력치를 깨닫는 게 중요하다. 본인이 매번 직장 일에 치여 시간 확보가 어렵고 시스템을 만들기엔 능력이 부족하다면 반대로 시스템을 잘 갖춘 기업의 브랜드 창업을 고려하는 것이 좋다. 항상 시장을 주도하는 업종과 해당 업종 내 1등 기업이 존재하는 만큼 이들 기업의 프랜차이즈 시스템을 활용해 나의 시간과 능력의 레버리지를 극대화할 수 있기 때문이다.

2014년 창업 시장에서 가장 뜨거웠던 업종은 화장품이었다. 당시 수많은 브랜드가 있었지만 1등 회사는 A사였고, 그중에서도 I브랜드가 독보적이었다. 그렇게 A사의 한 브랜드를 창업했다. 2년간은 호황기를 실감할 정도로 장사가 잘되었다. 그러나 경쟁사들이 장사가 좀 된다는 상권에 공백을 둘 일이 없다. 나도 개발업무를 했지만, 업무의 절반은 경쟁사 매출 분석 및 공백 상권을 찾는 일이고, 해당 상권에 입점하여 해당 매출 파이를 가져오는 것이 나머지 업무의 절반이기 때문이다.

결국 3년 차가 되던 해, 매장 바로 옆에 경쟁사가 직영으로 크게 입점했고, 이와 동시에 사드 이슈 및 온라인 채널 급성장으로 오프라인 매출에도 타격을 입기 시작했다. 모든 게 다 마찬가지이지만 꾸준히 들어오던 소득이 갑자기 줄면 사람은 대안을 찾기 마련이다. 매출 감소폭을 메우고자 그렇게 두 번째 창업을 계획하게 된다. 2017년 당시 창업 시장에서 가장 뜨거웠던 업종은 커피와 편의점이었다. 둘 중 편의점을 택하고, 당시 편의점 업계 1등을 달리는 C사를 창업하기에 이르렀다. 당시 편의점을 선택한 또 다른 이유는, 바로 최소 비용과 최소 리스크로 최대 효과를 낼 수 있는 업종이란 판단이 들어서다.

화장품 창업에서는 아래 2가지를 가장 크게 느꼈다.

'영원한 것은 없다.'
'리스크는 갑자기 찾아온다.'

당시 잘나가는 업종이라도 언제든 상황이 바뀔 수 있다는 사실에 창업비용을 더 줄여야 한다는 생각을 했다. 여기서 창업비용은 점포 임대차 비용과 인테리어 비용을 말하며 더 나아가 소멸 비용과 회수 비용을 구분해서 바라볼 필요가 있다. 소멸 비용은 말 그대로 1회성 납부로 사라지는 비용이며, 회수 비용은 폐업과 동시에 되찾을 수 있는 비용이다.

그런 점에서 편의점 창업은 우위에 있었다. 화장품, 커피숍과 달리 A급 입지에 높은 권리금을 주고 창업할 필요 없이 동네상권에서 승부를 볼 수 있기 때문이다. 향후 회수 가능한 점포임대 비용이 상대적으로 저렴했고, 회사에 납부하는 소멸 비용 또한 가맹비 770만 원(부가가치세 포함), 초기 물품비 1,400만 원, 소모품 100만 원 등 총 2,270만 원만 있으면 창업이 가능했기 때문이다. 물품 비용도 사실 폐업 시점에 반품이 가능하다. 그렇게 편의점을 창업했다. 창업할 때도 증거를 찾는 편이라 나름의 방법으로 예상 매출을 산정하고, 본사 담당이 제시하는 예상 매출 값과 비교를 했다.

예상 매출을 구하는 방법

예상 매출을 책정하는 나만의 방법이 있다. 다양한 시간대, 환경에서 직접 현재 데이터를 뽑아내고, 상권분석시스템과 본사 담당을 통해 간접적으로 과거 데이터를 뽑아서 비교해보는 것이다.

오전/오후, 비오는 날/맑은 날, 평일/주말 등 다양한 데이터를 확보하기 위해 이들 시간대 유동객(지나가는 사람)과 입점객(점포를 방문하는 사람)을 나누어 후보 점포 앞에서 직접 측정해봐야 한다. 24시간 내내 모든 시간대를 볼 필요는 없다. 시간대별 20분씩 할애하여 곱하기 3을 해서 1시간 평균 유동객과 입점객을 계산해서 지나가는 사람이 몇 명이며, 그중에서 실제 매장에 입점하는 사람은 몇 명인지를 구해야 한다. 그리고 해당 상권이 주거상권이라면 담당자를 통해 주거상권의 평균적인 객단가[*] 정보와 경쟁사 예상 매출 정보를 요청 및 확인하는 작업이 필요하다.

상권분석시스템도 적극 활용해야 한다. 중소기업청에서 운영하는 소상공인 상권분석시스템이 대표적이며, 추가로 나이스비즈맵과 KB리브온에서 운영하는 상권분석시스템(sg.sbiz.or.kr)도 있다. 이들 상권분석시스템에서는 다른 것을 볼 필요는 없다. 내 점포를 방문할 고객 범위를 1차, 2차로 설정하여 반경 500m 내 세대와 반경 1km 내 세대를 구하여 최소~최대 매출 범위를 정하는 도구로 사용하면 된다.

실제 매출 증거를 얼마나 많이 찾는지가 중요하다. 따라서 기존 점포를 양수받는 게 좋다. 또 편의점의 경우라면 나들가게 운영점을 유심히 보는 편이다.

양도양수

사연 없는 사람은 없듯 괜찮은 매물도 가끔씩 시장에 나오곤 한다. 특히 지금처럼 최저시급이 급격히 인상되고 각종 수당까지 지급해야 하는 시기는 다점포 경영주의 부담도 배로 커진다. 다점포 경영주는 말 그대로 여러 점포를 운영하는 만큼 매장 관리에 소홀해지기 쉽고, 고정비 중 가장 큰 부분을 차지하는 인건비 문제를 해결할 방법이 없다. 따라서 관리 소홀 및 고정비 증가로 인해 다점포 경영주가 처분하는 점포를 인

---

* 고객 1인당 평균 매출액.

수받아 직접 운영하는 데 집중을 한다면 관리 소홀과 고정비 이슈를 해결하며 점포 수익을 개선할 수 있다. 주말에 본인이 직접 근무하고, 퇴근 후 틈틈이 매장에 방문해 부족한 부분을 해결할 수 있으니 말이다.

또한 신규 창업 시 매출의 불확실성을 줄일 수 있다는 점에서 실패 확률을 낮출 수 있기에 양수도를 적극 고려할 필요가 있다. 인수하고자 하는 매장의 과거와 현재 매출을 확인하고, 현재 부족한 부분을 내가 어떻게 관리하면 될지, 그래서 향후 매출을 얼마나 더 늘릴 수 있을지 계산할 수 있기 때문이다.

결국 기회는 남들이 다 어렵다고 하는 것에서 찾을 수 있고, 해당 기회를 잡아 나만의 방식으로 수정해나가는 데 달렸다.

나들가게 전환

다니다 보면 아래와 같은 '나들가게' 간판을 본 적이 있을 것이다. 나들가게는, 기업형 슈퍼마켓 때문에 어려움을 겪는 동네 슈퍼마켓이 경쟁력을 갖출 수 있도록 돕기 위한 일환으로 중소기업청과 소상공인진흥원에서 컨설팅 및 시설 수리를 지원받은 가게다. 실제 슈퍼로 운영 중

인 나들가게를 인수해 브랜드 편의점으로 전환하면 나들가게를 인수할 때의 장점처럼 포스 데이터와 영수증이 있는 만큼 예상 매출을 가장 정확히 책정할 수 있다. 또 기존 고객들을 인수할 수 있기 때문에 실패 확률을 낮출 수 있다. 나들가게는 보통 7시~22시까지 운영하기에 24시간 내내 운영하는 편의점의 특성을 고려해 예상 매출을 좀 더 크게 계산할 필요가 있다. 단가 측면에서도 나들가게보다 편의점이 높다.

실전 사례

나들가게를 편의점으로 전환해 수익 안정화를 이룬 사례

아래 사진처럼 가시성이 좋은 3면 코너에 위치한 나들가게를 인수해 CU로 전환했다.

당시 나들가게 일 매출은 70만 원이며 영업시간은 7시~23시로 총 16시

간이었다. 반경 500m 내 약 400세대가 거주 중이고, 300m 앞 GS25가 위치한 빌라 밀집지역이며, 본사 담당을 통해 얼핏 들은 GS25의 매출은 생각보다 높아서 후보군에 넣었다. 좀 더 확인을 위해 도시락, 삼각김밥, 햄버거, 샌드위치 등 간편식 물류가 들어오는 시간대에 방문해 염탐을 했다. 제품 구색도 다양하고 간편식 물량이 상당히 많았다는 점에서 시장 파이는 충분함을 인지했다.

나들가게 앞을 지나가는 유동객수는 나쁘지 않으나 실제 매장으로 들어가는 고객 입점률을 체크해보니 1~2%밖에 나오지 않았다. 입점률이 낮은 이유가 분명히 있다는 얘기다. 제품 구색이 다른 나들가게보다 부실했고, 3면 코너에 위치했음에도 돌출 간판 또한 없었다. 가격도 편의점 못지않게 비싸다는 정보도 거주자들을 통해 수집할 수 있었다. 그렇게 해당 지점을 편의점으로 전환하고, 초반에 자리를 잡기 위해 급여를 더 주더라도 기존 나들가게 사장님을 채용하는 쪽으로 접근했다.

첫날 매출은 예상과 달리 110만 원밖에 올리지 못했고, 3개월간 일매출은 120~130만 원 사이를 오고갔다. 어떤 브랜드라도 알려지기까지는 최소 6개월의 시간이 걸린다. 사람들은 생각보다 신규 오픈한 점포에 관심이 없기 때문이다. 단기 이벤트 업체를 쓴다고 할지라도 그것도 잠깐이다. 결국 이를 알리기 위해서는 꾸준한 홍보가 필수적이다.

홍보는 크게 구전 홍보인 입소문과 실제 홍보인 프로모션 전단 활동이 있다. 주변 상가 사장님만 잘 잡아도 매출에 큰 도움이 될 것이라는 생각에 곧 다가오는 추석에 맞춰 직접 방문해 부담되지 않는 선에서 2만 원대 선물세트를 전달 드렸고, 동네에서 입소문이 가장 빠른 곳이 미용실이라는 판단에 미용실을 집중 공략했다. 동네 사랑방으로 알려진 미용실에 수시로 방문해서 커피믹스도 드리고, 아이들 주라고 사탕, 젤리, 신상 과자들을 주기적으로 넣어드렸다. 손님으로 가득한 미용실에 젊은 청년이 와서 매번 간식을 주고 가니 미용실 사장님을 비롯한 주변 고객들에게 좋은 인상을 심어줄 수 있었다. 말 그대로 '편의점 총각'이라는 단어가 입에 오르내렸다고 보면 될 것 같다.

이와 더불어 점포 한정 프로모션을 기획해 전단 활동을 병행했다. 본사와 협의하여 증정할 스낵류를 지원받아 전단지 2,000장을 제작해서 주변 아파트, 빌라 우편함에 뿌리고 퇴근길 유동객에게 직접 전단을 배포하는 작업을 3개월 정도 했다. 그렇게 6개월이 지났을까? 일 매출은 예상했던 수준인 150만 원대로 올라왔고 현재는 일평균 약 180만 원의 매출을 올리고 있다.

편의점은 초반에 고생했지만 지금은 시스템이 되어 알아서 잘 돌아간다. 7명 직원들의 불만사항과 직원들 간의 트러블을 해결하고, 아이들의 코 묻은 돈과 병당 100원이라는 공병 수거도 하고, 쓰레기 더미에서 병류, 플라스틱류, 캔류를 따로 분류해서 고물상에 판매까지 하며 적은 돈이 주는 가치와 근로소득이 주는 가치, 그리고 이들 돈을 모아 자산을 사는 행위에 큰 가치를 부여할 수 있었다.

급여 생활자로 만족하며 평범하게 살 법도 한데 왜 군이 창업 시장이라는 불확실한 시장에 뛰어들어 매출 하락 및 겸업 리스크를 가져갔을까? 가끔 과거를 회상하기도 한다. 이제는 이에 답을 할 수 있을 것 같다. 불확실한 생태계에 나를 자주 던져야만 나라는 사람이 성장할 수 있다는 걸 말이다. '그 당시 왜 그랬을까?'라는 후회들도 지금 돌아보면 추억과 경험으로 자리 잡았다. 그렇게 과거의 어려움은 결국 미화되어 사라지거나 삶의 원동력이 되는 법이다.

이렇듯 현재를 이끄는 힘은 각자가 만들어나가야 한다. 누가 뭐라고 하든 본인이 정한 길을 묵묵히 걸어가며, 때때로 누군가 시비를 걸면 안티프래질을 떠올리며 보란 듯이 한번 해보겠다고 더 큰 뜻을 품어야 한다. 일정 기간만이라도 독기를 품고 앞만 보고 달려야 하는 이유다. 독하게 군 만큼 독을 빼낼 시기도 빠르게 찾아올 테니 말이다.

초보자가 프랜차이즈 정보와 상권 정보를 얻는 방법

창업 프로세스는 아래와 같다.

> 희망 업종 선택 → 업종 1등 브랜드 확인 → 개설 조건 확인 → 공백 상권 파악 → 인터넷을 통한 상권 조사 → 현장 조사 → 개별 물건 파악 → 브랜드 담당자 실사 요청

나와 맞지 않는 업종을 선택할 필요는 없다. 우선 나의 성향을 고려해 하고 싶은 업종을 한정하고, 그 업종 1등 브랜드를 검색하고, 해당 브랜드 홈페이지에서 점포 컨디션, 창업 비용, 마진율 등 개설 관련한 정보를 파악해야 한다. 그리고 점포 찾기 코너에서 해당 브랜드가 입점하지

않은 공백 상권을 찾아 소상공인 상권분석시스템에서 기본적인 상권 데이터를 파악해 현장 실사를 나가야 한다.

그리고 고객들의 주동선을 파악해야 한다. 주동선 확인은 어렵지 않다. 다른 업종 1등 브랜드들이 밀집한 곳이 고객들이 자주 오가는 주동선이다. 현장에서 실제 상권 조사를 하다 보면 위에서 말한 과정이 누락된 탓인지 좋지 않은 입지에 어울리지 않는 브랜드를 오픈하는 경우를 많이 볼 수 있다.

창업 시장도 승자 독식 구조다. 굳이 1등이 없는데 2등을 할 필요는 없다. 이미 1등 브랜드가 해당 상권에서 자리를 잡았다면 다른 지역을 보거나, 또는 1등 브랜드보다 더 나은 입지에 오픈하는 게 중요하다. 그러나 이 또한 추천하지는 않는다. 문제는 해당 상권에 1등 브랜드가 없음에도 굳이 2등 브랜드를 오픈하는 경우다. 내가 2등을 선택하는 순간 1등 브랜드는 나의 매출을 확인해 더 큰 규모와 더 좋은 입지에 오픈을 할 확률이 높기 때문이다. 1등 브랜드일수록 입지를 중요시하고 입지와 규모에 따른 인테리어 지원율도 높아지는 편이다. 물론 동종 업종이 줄지어 생긴다면 당장 집객 효과는 누릴 수 있다. 그러나 고객은 1등이 내놓는 상품과 행사에 더 크게 반응하기 마련이다. 자본주의 시장의 이치가 그렇다. 따라서 무엇을 함에 있어서 그 시장 1등인가에 초점을 두고 움직여야 한다.

그다음으로 부동산 중개소에 방문해 시장에 나온 점포들의 시세를 파악하고, 마음에 드는 점포가 없다면 어떤 점포를 뺄 수 있을지 확인해야 한다. 내가 오픈을 희망하는 자리가 있다면 그 주변에 권리금을 주고 뺄 수 있는 브랜드가 있는지 봐야 한다는 것이다. 권리금을 지불하는 것에 대해서 너무 두려워할 필요는 없다. 권리금이 없다고 좋지 않은 입지에 오픈해서 투자한 시설 집기 비용을 날리는 게 훨씬 더 위험하다.

그렇게 물건을 몇 개 골랐다면, 개발 담당자 미팅을 요청해 상권과 창업에 대한 자세한 정보를 얻어야 한다. 물론 개발 담당자 미팅부터 시작해서 역순으로 올라가도 된다. 그러나 순차적으로 진행하는 것을 추천한다. 내가 먼저 생각하고, 그 뒤로 전문가의 의견을 덧붙이는 것이 나의 고정관념을 깨는 데 훨씬 큰 도움을 주기 때문이다.

위와 같은 과정을 최소 5건~최대 10건은 거쳐야 상권을 보는 눈을 기르고 개발 담당자가 하는 말에서 진실과 거짓을 가려낼 수 있다. 개발 담당자를 적극 활용하자. 상담만 하고 창업을 하지 않는다고 미안한 감정을 가질 필요는 없다. 나 또한 개발 담당 일을 했지만 그게 담당자의 역할이고 그에 따라 회사에서 급여를 받는다. 목돈이 들어가는 만큼 최대한 많은 정보를 획득하려고 노력하자. 전문가의 지식을 활용해 성공 확률을 높이는 방법이 될 테니 말이다.

창업하기 전 꼭 알아둬야 할 것

1. 폐업률보다 다점포율이 중요하다

우수 프랜차이즈를 운영하고 싶다면 신규 개업하는 점포는 몇 건인지, 폐업하는 점포는 몇 건인지, 그리고 다점포 비율은 어떠한지 점검해야 한다. 신규 개업은 가맹비 및 인테리어 지원에 따라 달라지는 부분이라 3가지 중에서 중요도는 가장 낮다. 가장 신뢰할 만한 지표는 다점포율이고, 누구나 알듯 폐업률은 기본 중에 기본일 뿐이다. 또한 다점포율이 높으면 폐업률은 당연히 낮아질 수밖에 없다. 사람은 뭐든지 해보고 괜찮다고 생각하면 본인이 더 하려고 하지, 남에게 알려주지 않는다. 즉 현재 운영 중인 경영주가 복수 점포를 계속 내고 있다면 그 브랜드는 사업성이 좋다는 것이다. 상식적으로 생각하면 된다. 실제 어떤 브랜드가 잘되면 인근에 2호점, 3호점이 줄줄이 오픈을 한다. 그런데 잘 보면 동일 경영주인 경우가 많다. 물론 안정적으로 수익을 잘 내는 프랜차이즈일지라도 본사 규정상 복수 출점을 제한하는 경우가 있으므로 100% 신뢰할 수는 없다. 보통의 경우 신규 개점 수와 폐업률에만 집중하는데, 다점포율을 가장 중요한 지표로 두고 프랜차이즈 기업을 선택해보자.

뒤의 표는 2020년 8월 〈매경이코노미〉가 정리한 업종별·브랜드별 가맹점과 다점포 변화를 보여주는 자료다. 〈매경이코노미〉는 매년 다점포 증감을 분석해 발표한다.

또 브랜드별 세부 정보는 공정거래위원회 가맹사업거래 홈페이지 (https://franchise.ftc.go.kr)에서 확인 가능하다. 정보공개서 열람을 통해 브랜드별 매출 현황 및 연혁 확인이 가능하며, 정보공개서 비교정보 메뉴에서 업종별, 가맹본부별, 브랜드별 비교 데이터 확인도 가능하다.

예를 들어 커피 업종의 경우 2020년 기준 브랜드 존속기간 및 전체 매출 측면에서 1위는 이디야커피이며, 신규 개점 측면에서는 메가커피가 1위다. 주식투자에서 가치주와 성장주 중 어디에 무게를 더 두는가와 같은 문제로 과거에서 증거를 찾을 것인가, 현재 또는 미래 성장 가능성에 초점을 더 둘 것인가의 차이로 볼 수 있다. 즉 투자 성향에 따른 문제이며, 결정이 어렵다면 총 투자 비용을 놓고 고민해보는 것도 방법이다.

앞의 데이터는 참고사항일 뿐 본사 개설 담당을 통해 확인하거나 실제 운영 중인 경영주를 직접 찾아가 이것저것 물어보자. 이 또한 상식선이다. 경영주가 사장 및 본사 전체를 칭찬하느라 바쁘다면, 그리고 추가로 신규 오픈을 하고 있다면 그 브랜드는 진짜 알짜다.

업종·브랜드별 가맹점·다점포 변화

업종	브랜드	가맹점		증감	다점포		증감
		2019년	2020년		2019년	2020년	
편의점	GS25*	13,372	13,818	▲	4,025	4,158	▲
	CU*	13,432	13,731	▲	2,927	2,863	▼
	세븐일레븐	9,704	9,922	▲	2,388	1,827	▼
	미니스톱	2,503	2,501	▼	337	401	▲
	이마트24	4,086	4,866	▲	비공개	비공개	−
피자	파파존스	135	156	▲	62	78	▲
	도미노피자	349	356	▲	116	118	▲
	피자헛	320	315	▼	100	113	▲
	피자알볼로	265	269	▲	82	72	▼
	미스터피자	239	비공개	−	46	비공개	−
저가 피자	피자마루	613	620	▲	45	5	▼
	카페베네	346	301	▼	28	5	▼
	마노핀	12	비공개	−	5	비공개	−
커피	이디야커피	2,576	2,784	▲	275	320	▲
	엔제리너스	530	비공개	−	45	비공개	−
	파스쿠찌	452	480	▲	50	70	▲
	드롭탑	234	213	▼	37	42	▲
	탐앤탐스	376	278	▼	32	33	▲
	투썸플레이스	1,067	1,097	▲	160	비공개	−
	더본코리아	−	1,554	−	−	약 250	−
	빽다방	−	676	−	−		−
저가 주스	쥬씨	540	493	▼	51	31	▼
외식	연안식당	225	194	▼	92	37	▼
	에머이	96	비공개	−	25	비공개	−
	한촌설렁탕	86	103	▲	17	20	▲
	하남돼지집	−	158	−	−	55	−
	유가네닭갈비	184	211	▲	47	62	▲
	원할머니보쌈	239	271	▲	35	27	▼
	박가부대찌개	128	125	▼			
	큰맘할매순대국	398	약 400	▲	65	약 40	▼
	본죽	1,111	1,042	▼	153	52	▼
	본죽&비빔밥카페	330	444	▲		35	
	본설렁탕	−	18	−	−	2	−

업종	브랜드	가맹점		증감	다점포		증감
		2019년	2020년		2019년	2020년	
외식	본도시락	329	357	▲	27	18	▼
	한솔	722	비공개	–	20	비공개	–
	이차돌	201	308	▲	46	59	▲
	남다른감자탕	–	69	–	–	11	–
	미카도스시	–	47	–	–	16	–
	샐러디	–	100	–	–	14	–
	바르다김선생	142	비공개	–	12	비공개	–
	김가네	425	445	▲	8	24	▲
패스트푸드	롯데리아	1,216	1,207	▼	357	227	▼
	버거킹	비공개	102	–	–	비공개	–
	써브웨이	366	414	▲	82	152	▲
	파파이스	42	비공개	–	2	비공개	–
	맘스터치	1,212	1,276	▲	110	약64	▼
생활용품	양키캔들	112	104	▼	40	52	▲
	다이소	471	비공개	–	10	비공개	–
디저트	스무디킹	99	85	▼	43	39	▼
	오가다	96	91	▼	15	17	▲
	던킨도너츠	550	560	▲	비공개	비공개	–
	설빙	437	452	▲	21	54	▲
	홍루이젠	265	253	▼	94	66	▼
	배스킨라빈스	1,350	1,390	▲	60	60	–
빵	브레댄코	60	45	▼	14	10	▼
	파리바게뜨	3,380	3,381	▲	440	490	▲
	뚜레쥬르	1,311	1,258	▼	127	129	▲
주점	생활맥주	178	174	▼	24	14	▼
	역전할머니맥주	–	603	–	–	151	–
	장미맨숀	–	99	–	–	4	–

업종	브랜드	가맹점		증감	다점포		증감
		2019년	2020년		2019년	2020년	
치킨	BBQ치킨	1,619	6% 증가*	–	90	154	▲
	BHC치킨	1,512	약 1,450	▼	41	약 90	▲
	호식이두마리치킨	885	830	▼	63	76	▲
	교촌치킨	1,100	1,224	▲	26	32	▲
	굽네치킨	1,016	1,047	▲	0	0	–
	푸라닭	–	512	–	–	31	–
	네네치킨	1,123	1,090	▼	6	8	▲
	멕시카나	860	878	▲	19	11	▼
세탁	크린토피아	2,710	2,872	▲	127	149	▲
떡볶이	죠스떡볶이	252	비공개	–	4	–	비공개
	두끼떡볶이	206	227	▲	42	60	▲
	동대문엽기떡볶이	–	495	–	–	비공개	–
	소크라테스떡볶이	–	73	–	–	18	–
	스쿨푸드	–	60	–	–	12	–
	청년다방	–	369	–	–	45	–
문구	모닝글로리	300	300	–	5	5	–
프리미엄 독서실	온더데스크	95	97	▲	9	8	▼
	토즈스터디센터	344	315	▼	60	54	▼
	작심스터디카페	–	309	–	–	46	–
힐링 카페	미스터힐링	103	비공개	–	0	비공개	–
피트니스	커브스코리아	305	275	▼	39	18	
코인 노래방	슈퍼스타	54	47	▼	16	10	▼
	세븐스타	200	220	▲	36	40	▲
스크린야구	스트라이크존	175	158	▼	31	20	▼
	리얼야구존	비공개	비공개	–	비공개	비공개	–
방 탈출 카페	셜록홈즈	50	54	▲	22	27	▲
모텔	야놀자	112	비공개	–	12	비공개	–
	WNH	89	비공개	–	30	비공개	–
	여기어때	20	비공개	–	2	비공개	–

· 단위: 개
· 2019년은 8월 말, 2020년은 7월 말 기준이다.
· GS25, CU의 2020년 수치는 2019년 말 기준이다.
· 출처: 〈매경이코노미〉 제2072호

2. 인력 관리

고용 점장을 뽑는 것을 추천한다. 어디든 점주가 있고 점장이 있다. 점주는 점포의 주인이고, 점장은 점포의 장인 것이다. 점장 수당을 주고 직원 및 발주 관리를 맡기고, 본사 담당과의 소통도 위임하는 것이 필요하다. 회사 생활을 병행하며 2가지 모두 완벽히 할 수는 없다. 초반에는 상품 발주, 직원 채용, 직원 스케줄 관리, 본사 소통을 모두 책임지고 했지만 지금은 전부 위임을 하고, 주말 오전에 나가 직접 근무하며 평일에 미비했던 부분을 체크해서 점장에게 전달하는 식으로 운영 중이다. 앞서 얘기했듯이 인적 레버리지를 잘 활용하는 것도 능력이다. 그 능력은 적절한 보상 체계와 상대를 인정하는 것에서부터 시작된다.

3. 주거지와의 거리

이전에 사업을 할 때도 자차로 1시간 이동을 했었고 지금도 자차로 40분을 이동해야 한다. 개발업무를 하며 안타까운 부분이 바로 이 부분인데, 창업 희망자 일부는 집과 거리가 가까운 것에 큰 비중을 둔 나머지 장사가 덜 될 것이 뻔한데 집이 가깝다고 창업 비용을 더 지불하고 들어가기도 한다. 부수적인 것에 꽂히면 전문가의 말도 들리지 않는 법이다. 그렇게 오픈을 한 점포는 결국 오래가지 못한다.

거리에 제한을 두지 말자. 거리부터 결정하고 수익을 찾기보다 수익부터 보고 거리를 수용하는 쪽으로 가닥을 잡자. 피도 눈물도 없는 잔인한 창업 시장에서 살아남으려면 말이다. 다시 말하지만 창업은 장난이 아니다.

4. 구도심 창업 vs. 신도시 창업

① 구도심에 위치한 점포 A:

보증금 3천만 원, 월세 150만 원, 권리금 7천만 원

② 신도시에 위치한 점포 B:

보증금 1억 원, 월세 300만 원, 권리금 없음

단순히 위 조건을 놓고 A와 B 중에서 선택을 해야 한다면, 나는 A를 택하는 편이다. 우선 A와 B의 창업 비용은 1억 원으로 동일하다. A는 B 대비 절반 수준의 월세이며, 권리금 거래가 이루어진다는 것은 상권이 탄탄하다는 것을 의미하기 때문이다. 또한 월세는 소멸 비용이지만 권리금은 회수 가능성도 충분히 존재한다. A상권에서 5년을 영업하면 A점포에 지불했던 권리금 수준(7천만 원)을 뛰어넘게 된다. 즉 월 150만 원씩 60개월이면 9천만 원이며 5년 동안 영업을 잘하고 폐업을 한다고 가정했을 때, 기존 권리금 회수는 물론이고 월세 부분에서 B보다 9천만 원을 줄인 결과를 낼 수 있다.

물론 신도시에 위치한 B점포에, A상권에서 절약한 월세 수준을 뛰어넘는 수준의 권리금이 형성될 수도 있다. 그러나 권리금이 없었다는 것은 그만큼 B상권의 리스크가 상당했다는 것을 의미한다. 창업은 부동산과 주식 투자와 달리 내가 경쟁을 해야 하는 리스크가 추가되는 만큼 무엇보다 리스크를 최소화해서 접근해야 한다. 그런 의미에서 나는 지금까지 A와 같은 상권에서 창업을 했고, 가맹 희망자에게도 비슷한 논리로 안내했다. 앞으로도 내가 세운 기준을 지켜갈 생각이다.

5. 리스크 측면

오프라인 창업은 온라인 창업과 달리 투자금이 많이 든다. 따라서 잘 못되었을 때 EXIT가 어렵고 큰돈이 들어가는 만큼 재도전이 어렵다. 오프라인 창업 시 최소한 이것만은 고려했으면 한다.

① EXIT 출구 전략은 필수다

양도양수 및 업종 전환을 항상 염두에 두고 있어야 한다. 업종 트렌드가 바뀌어 매출 하락이 뻔히 보이고 상권 변화가 뻔히 읽히는데 계속 운영하는 건 바보 같은 짓이다. 장사는 자산처럼 시간이 지날수록 무르익는 것이 아니다. 시간이 해결해줄 거란 생각은 버리고 시작과 동시에 EXIT를 생각하자.

② 건물주 이슈를 확인하자

건물주 이슈를 확인한다기보다 건물주에게 잘하자가 맞다. 초기 창업자라면 자본가가 아닌 이상 임차로 들어갈 수밖에 없다. 장사가 잘되는 곳의 상가는 임대인이 갑이다. 좋은 상권에 들어가야 돈을 번다는 게 진리다. 이를 인지하고 장사가 잘될 때 더욱더 임대인에게 잘해야 한다. 장사가 잘되면 임대인도 이를 다 알고 월세를 올리기 위해 간을 본다. 이를 저지할 만한 액션들을 취해야 하는데 생일, 경조사, 명절을 챙기는 건 기본이라고 본다. 구차하다는 생각은 버리자. 내가 자본금이 부족하다면, 타인이 레버리지를 활용해 매수한 상가에서, 나 또한 프랜차이즈 회사의 시스템을 레버리지 삼아 돈을 벌어야 하지 않을까?

건물주 입장에서 생각하면 월세를 올리는 건 당연하다. 특히 상가는 월세 수익률을 근거로 건물 가치가 결정되기 때문이다. 반대로 임차인은 월세가 올라가면 그만큼 운영 매력도가 낮아져 권리금이 감소하는 경우가 발생한다. 따라서 임대인은 언제든 임대료를 올릴 타이밍을 본다는 생각을 가지고 평소에 임대인을 바라보자. 다 사람이 하는 일이다. 이에 맞서 싸우지는 말자. 결국 나만 손해다. 내가 수많은 가맹점주들을 상대하며 얻은 깨달음 중 하나다.

6. 사업소득과 부동산투자 소득을 함께 고려하자

실제 프랜차이즈를 운영하고 있는 경영주로서 꼭 전하고 싶은 말이 있다. 창업을 시작할 때 주변 부동산(아파트, 상가) 시세도 함께 보고, 운영하는 과정에서도 꾸준히 주변 부동산에 관심을 가져야 한다는 거다. 사람은 한 가지에 빠지면 누가 옆에서 툭 치지 않는 한 그것만 보인다. 장사가 좀 되면 장사가 답이라는 생각에 장사만을 통해 승부를 보고자 매장을 무리하게 확장하는 사람들을 실제로 많이 봤다. 옆 매장을 터서 확장하거나, 다른 곳에 매장을 오픈하며 매장 수를 무리하게 늘리는 식으로 말이다. 매출과 현금흐름 관점에서만 사업 확장을 하다 보니 자산 증식의 기회를 놓치는 이들이 상당히 많다는 거다. 점포 개발업무를 하며 많은 복수 지점 경영주를 만나고, 나 또한 복수 지점을 운영하며 뒤늦게 깨달은 부분이기도 하다.

지나고 보니 역시나 많은 돈을 번 사람들은 창업과 부동산투자를 병행한 이들이었다. 장사 관점으로 매출만 보는 것이 아니라 그 지역의 아파트 시세와 내가 속해 있는 건물의 가치를 함께 봤던 사람들 말이다. 요즘 창업자들이 힘들어하는 주요 원인이기도 하다. 아침부터 저녁까지 주말도 없이 힘들게 고객을 상대했는데 바로 옆 부동산 가격이 천정부지로 치솟고, 장사가 조금 된다 싶으면 여지없이 임대료를 올려서 건물 가치를 높이고, 실제로 건물이 깔고 있는 대지가격도 2~3배 올라 있는 걸 뒤늦게 발견한 데서 외부 충격을 받는다.

나도 이를 많이 경험했다. 2014년에 경기 서북부에서 화장품 브랜드를 창업했는데 당시 해당 지역은 경기도에서 알아주지도 않던 지역이었다. 그러나 개발이 하나둘 시작되면서 주변 부동산 시세가 크게 오르기 시작했다. 흙이 날리는 곳을 매번 차로 지나가면서도 크게 자각하지 못했다. 자주 다녔던 만큼 너무 편하게 생각했는지 아예 관심을 두지 않았다. 2017년에 경기도 서남부에서 편의점 창업을 할 때도 마찬가지였다. 당시 임차할 건물의 월세가 시세보다 저렴한 것에만 집중했지 건물을 사야 한다는 생각은 하지 못했다.

그러나 창업을 할 때 건물을 함께 보는 연습을 했다면 분명 이 모든 게 다르게 보였을 것이다. 시세보다 월세가 저렴했다는 것은, 내가 해당 건물을 매수해서 주변 시세대로 월세만 높여도 수익률 관점에서 건물의 가치를 높일 수 있는 기회가 있었다는 걸 뜻하기 때문이다. 실제 편의점을 운영하면서 임차 중인 건물을 매수할 기회가 있었는데, 당시 해당 4층 건물은(지하 포함) 대지지분 60평, 매물 가격 9억 원으로 평당 1,500만 원에 시장에 나와 있었다. 지하 1층과 지상 1층은 상가, 지상 2층과 3층은 주택으로 활용 중인 건물로 기존 임대보증금을 합하고 대출을 활용하면 1억 원 중반으로 매수도 가능했다. 각종 교통 호재로 시끌시끌한 지역이고 3년 전 비슷한 물건이 평당 1,800만 원에 거래된 사례도 있었다.

그러나 기회를 기회로 보지 못했다. 결국 제3자가 해당 건물을 매수해서 전체 리모델링을 했고, 나는 다음 재계약 때 월세를 인상해주어야 하는 입장이 되었다. 3년이 지난 지금 해당 상권의 평당 대지가격은 3,000만 원을 상회하며, 리모델링까지 했기에 해당 건물의 가치는 20억 원에 달할 것으로 본다. 3년간 주말을 포함해 24시간 매장을 운영해서 번 돈과는 상대가 안 되는 돈이다. 누군가는 임대인에게 월세를 주는 것이 아니라 대출을 일으켜 건물을 사서 은행에 이자를 내는 쪽으로 사업소득과 부동산투자 소득 모두를 챙기고 있었다.

퇴사 직전에 복수 지점 경영주와 터놓고 얘기할 수 있는 기회가 있었는데 해당 경영주도 이런 식으로 부를 축적해왔다고 했다. 본인도 장사를 하며 같은 걸 느꼈고, 느낀 만큼 지독하게 건물 공부를 했다는 것이다. 건물을 매입해서 월세 대신 은행에 이자를 내고, 열심히 일을 해서 일 매출을 올리며 상권 부흥에 힘썼다는 것이다. 그렇게 상권이 살아나니 주변에 다양한 브랜드들이 들어오면서 토지 가격도 자연스레 올랐다고 한다. 또 현재는 제3자에게 해당 건물을 팔아서 본인이 그 건물의 자발적 월세입자가 되었다고 한다. 해당 경영주는 이런 과정을 수차례 반복하며 과거 상급지 재건축 대상 아파트를 샀고, 최근에는 법인 명의로 꼬마빌딩을 사며 자산을 크게 불렸다.

창업에 있어서 나의 목표는 확실하다. 다음 창업을 할 때는 창업할 브랜드와 건물을 결합한 투자를 통해 사업소득과 부동산투자 소득을 함께 올리는 것 말이다. 예비 창업자라면 꼭 이 부분을 염두에 두고 시장을 바라봤으면 한다. '당장 창업할 돈도 없는데'라는 생각을 버리고 지금부터 그릇을 키워 놓자. 그래야 갑자기 찾아오는 큰 기회를 마주할 수 있다.

단기 매출에 연연하지 말자

편의점은 4월부터 추석 전까지 성수기다. 반대로 추석 이후부터 3월까지는 비수기라 이 시기에 오픈한 경영주 일부는 '왜 편의점 창업을 해서 사서 고생을 하고 있지'라는 생각을 하기 쉽다. 그러나 시간이 조금 지나고 계절 변화를 한 바퀴 겪고 나면 생각이 어느 정도 바뀐다.

원래 장사는 연평균 매출로 보는 것이 중요하다. 편의점 운영 이전에 5년간 화장품 가게를 운영하면서 이를 더욱더 많이 느꼈다. 장사가 좀 되는가 싶으면 사드 등 이슈가 터졌고, 이에 대비하고자 경쟁사들은 1+1 또는 50% 세일을 하고 심지어 재고 소진 목적의 클리어런스 세일을 통해 50%를 훨씬 상회하는 할인까지 했기 때문이다. 지금 생각해보면 편의점의 일 매출 변동은 화장품 업종에 비하면 아무것도 아닌 것 같다.

아무쪼록 '일 매출도 아니고 월 매출도 아니고 연평균으로 볼 줄 알아야 한다'는 건 자산시장에 대입해도 적용되는 얘기다. 단기 변동, 단기 악재, 단기 이슈에 흔들리면 어떤 투자를 하든 좋은 성과를 낼 수 없다. 변동성을 바라보는 시각을 바꿔보자.

'투자는 멘털 게임이다.'

투자는 나보다 훨씬 뛰어난 사람과 경쟁하는 것이 아니다. 좀 더 다르게 생각을 하면 된다. 바로 단기 이슈에 흔들리지 않겠다는 것이다. 본인이 흔들릴수록 나보다 멘털이 더 강하고 경험치가 많고 자산이 많은 사람에게 힘들게 피땀 흘려서 번 돈이 흡수된다. 누군가는 분명 지금도 흔들릴 것이다. 직접 경험하지 않고는 체득하기 어려운 부분이며 따라서 다시 기본으로 돌아와 최소 비용 최대 효과를 낼 수 있는 것들에 다양하게 도전을 하며 기본기를 다져야 하는 이유이기도 하다. 단기 변동에 쉽게 흔들리지 않겠다는 기본값을 기억한 채로 말이다. 지금은 고개를 끄덕이며 이해가 될 것이다. 그러나 시간이 조금 지나면 분명 또 잊어버릴 것이다. 인간은 망각의 동물이고 이성보다 본능이 앞서는 동물이고 내 본능은 단기 차익을 바라고 있기 때문이다.

투자에는 분명 대가가 있다는 사실을 기억하자. 그 대가는 변동성을 감내한 만큼 얻을 수 있을 것이고, 반대로 변동성을 감내하지 못한 만큼 지불하게 될 것이다.

손실 범위를 제한하자

앞서 자산을 불리고 그 자산을 장기 보유하기 위해 현금흐름이 중요하며, 그 현금흐름 확보 수단도 결국 최소 비용 최대 효과를 내는 구조로 가야 한다고 소개했다. 여기서 하나 더 나아갈 필요가 있다. 어떤 투자를 함에 있어서 이익 규모를 키우는 것에 앞서 먼저 손실 범위를 제한하는 게 중요하다.

창업 시장을 예로 들면, 대부분은 본인이 오픈한 점포의 장밋빛 전망만 바라보고 임대인과 장기 임대차계약을 맺는다. 그러나 이는 생각하지도 못한 일이 갑자기 찾아올지도 모른다는 사실을 망각한 행동이다. 명동 외국인 상권에 권리금 수억 원을 지불하고 2020년 1월에 창업한 A와, A에게 권리금 수억 원을 받고 점포를 양도한 B가 있다고 가정해보자. 실제 이런 케이스가 한둘이 아닐 것이다. 2020년 1월 시점에는 아무도 코로나19 변수를 예상하지 못한 만큼 A는 앞으로도 장사가 잘될 것이라는 판단에 수억 원 권리금을 주고 점포를 양수받았고, 심지어 임대인과는 장기 임대차계약을 체결했다. 그러나 1개월 뒤 2020년 2월 코로나19가 터져, 지금은 권리금 회수는 고사하고 당장 수천만 원에 달하는 임대료도 내지 못하고 있다. 장기 계약을 맺었기 때문에 남은 계약기간 동안 어떤 식으로든 임대료를 내야 하며, 가게 오픈이 오히려 더 큰 적자를 불러온다면 문을 닫고 임대료만 내거나 깔세(단기 전대차 계약)를 통해 임대료 일부를 메워야 한다. 그러나 코로나19 시국인 만큼 깔세 업자를 찾는 것도 쉽지 않다.

나는 이런 경우를 너무나 많이 봤다. 그리고 다짐하곤 했다. 항상 혹시 모를 최악의 경우를 생각해서 손실을 계산하고 그 손실 범위를 제한하는 노력이 필요하다는 것을 말이다. 결론은 최소 비용, 최소 리스크, 최대 효과를 낼 것에 다양하게 많은 횟수로 도전해야 한다. 인생은 내가 계획한 대로만 흘러가지 않기 때문이다. 나는 언제나 틀릴 수 있다는 생각을 가지고 시장을 바라보자. 그게 시장에서 오래 살아남아 수익을 꾸준히 내는 가장 훌륭한 방법이 될 것이다.

내가 투자로 씨를 뿌려 놓은 것 중에 하나가 터져서 이전의 실수 값을 모두 커버할 수도 있고, 또한 이렇게 꾸준히 하면서 경험치가 쌓이면 앞으로 조금 더 예리한 투자를 할 가능성이 높아진다. 이전에 실행한 값 중에서도 터질 확률을 가져가고, 앞으로 할 값들 중에서도 터질 확률을 가져가며 앞뒤로 확률을 배로 키워가는 활동에 집중해야 하는 이유다. 그 바탕에 '꾸자사모'가 있다.

꾸자사모란?

부동산, 주식 투자를 언급하기에 앞서 내가 자주 쓰는 한 가지 용어를 짚고 넘어가려고 한다. 바로 '꾸자사모'다. 2019년부터 '꾸'준히 '자'산을 '사'서 '모'아가자는 나름의 슬로건을 직접 만들고 입이 닳도록 외쳤던 단어인데, 실제로 평생 가져가야 할 좋은 단어가 되었다. '꾸자사모'는 투자의 영역에서 자산을 사서 모아가는 것은 물론이고 투자 행위에 따른 경험치도 축적해가야 한다는 것을 뜻한다.

우리는 지금까지 투자를 잘못 배웠다. 지금도 우리는 돈이 부족하기에 단기 거래, 즉 트레이딩을 통해서 자금을 불려야 한다는 얘기를 자주 듣는다. 이는 반은 맞고 반은 틀리다. 반대로 말하면 내가 지금 말하는 것도 반은 틀리고 반은 맞다는 얘기다. 하지만 자신이 직장 생활을 병행한다는 이유나, 기관 및 세력보다 정보가 적다는 가정 하에 단기 투자로 자산을 사고 팔기보다는, 기본적으로 여윳돈 자금을 꾸준히 기계적으로 투입하면서 시간의 힘을 빌리는 것이 바람직하다.

인피니티투자자문의 박세익 전무가 이런 얘기를 했다.

"나는 항상 IQ가 80이라고 생각하고 시장에 참여한다."

맞다. 바로 우리에겐 이런 마인드가 필요하다. 우리는 미래를 알 수 없으며 지금 보이는 지표들을 근거로 기업의 가치를 파악하는 것도 답이 될 수는 없다. 내 능력을 믿지 말고 자본주의 사회 기본값인 시간의 힘을 빌려 나보다 오래 살았고 앞으로도 오래 살 증거가 있는 1등 기업에, 나의 노동력과 시간을 갈아 넣어 얻은 소득 중 일부를 떼어내 꾸준히 불입하는 것이 중요하다. 그리고 더 나아가 앞으로는 세상을 바꾸는 데 일조하는 혁신기업에 투자 비중을 획기적으로 늘려야 한다. 테슬라와 같은 기업에 말이다.

주식뿐 아니라 부동산도 마찬가지다. 그러나 부동산은 법인이 아닌 이상 기본적으로 단기 투자가 어렵다는 점에서 조금 다르게 접근해야 한다. 부동산은 애초부터 단기 투자가 어려운 분야지만, 나는 여기에 일부러 더 사고파는 거래를 어렵게 만드는 작업을 해왔다. 오히려 매수할 때부터 해당 부동산의 가치를 이 수준까지는 끌어올릴 것이고, 그 수준이 되면 매도하는 것이 아니라 증가된 담보가치를 활용해 대출을 일으켜서 반전세, 또는 월세로 전환해 현금흐름을 내는 수단으로 만드는 계획을 세웠다. 부동산투자를 하는 이유는 레버리지 활용이 용이하기 때문이고, 따라서 레버리지를 일으켜 최소 비용을 투입해 보유기간을 길게 가져가는 식의 투자를 해야 한다는 것이 나의 관점이기 때문이다. 이렇듯 팔아야만 수익을 얻는 것이 아니라 보유함에 따라 수익을 누적해가는 구조로 만들어야 한다.

내 능력이 부족할수록, 그리고 앞서 설명한 복잡계 논리대로 미래를 예측할 수 없다는 사실을 인정하고, 더 다양한 값을 장기간에 걸쳐 가져가겠다고 다짐해보자. 투자 타이밍을 재는 것이 아니라 하루라도 빨리 투자해서 하루라도 오래 사는 것에 초점을 맞춰야 한다.

"워런 버핏은 열한 살에 처음으로 주식투자를 시작해서 서른두 살에 백만장자가 되었다. 사람들은 버핏을 세계에서 가장 큰 부자이면서 현명한 투자자로 인정하지만, 예순 살이던 1990년만 해도 그는 억만장자가 아니었다. (중략) 버핏의 초인적인 투자 실력은 젊음과 복리라는 두 가지 요소에서 나왔다. 우리 밀레니얼 세대도 그의 길을 따라갈 필요가 있다."

《밀레니얼머니》, 패트릭 오쇼너시 지음, 새로운제안, 272~273쪽

워런 버핏이 보유한 주식 가치의 추이

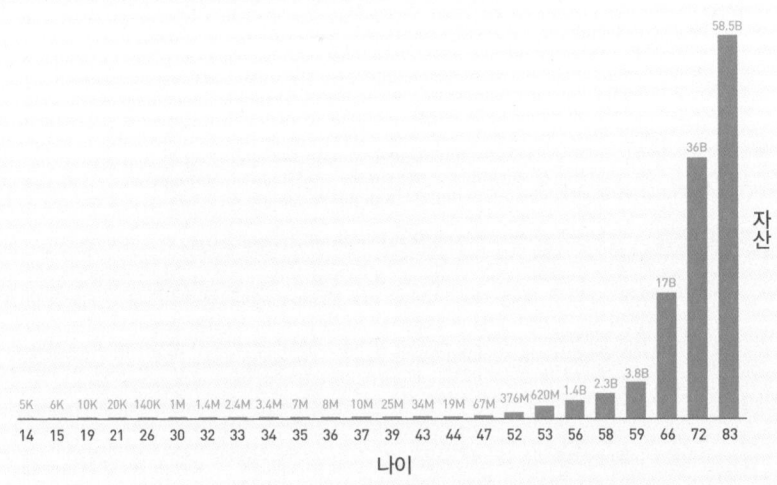

• K: 천 달러, M: 백만 달러, B: 십억 달러
• 출처: dadaviz 페이스북

왼쪽 그래프처럼 워런 버핏도 60세 이후부터 순자산이 급격히 증가하기 시작했다. 아래 그래프를 보자.

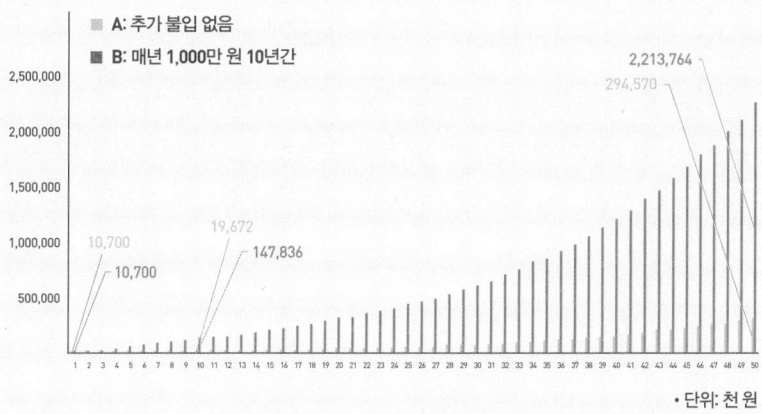

• 단위: 천 원

A, B 모두 원금은 천만 원으로 동일하다. A는 이후로 추가 불입을 하지 않았으며, B는 매년 천만 원씩 10년간 불입했다. 해당 금액을 미국 시장에 투자한다고 가정하고 미국 대표 지수인 S&P500지수의 연평균 수익률 7%를 적용해보았다.

10년간 A는 추가 0원, B는 추가 원금 1억 원을 불입했으나 10년 뒤 평가금액은 A는 약 1,967만 원, B는 약 1억 4,783만 원으로 A는 약 967만 원, B는 약 4,783만 원이 불어났다. 10년 후부터는 2가지 경우 모두 추가 불입하지 않았으나 그 격차는 더 크게 벌어져 50년 뒤 A는 약 2억 9,457만 원, B는 약 22억 1,376만 원이라는 평가금액이 예상된다.

현재 본인이 20대라면 앞으로 매년 천만 원씩 10년간 총 1억 원을 나누어 꾸준히 미국 시장에 추가 불입하는 것만으로도 50년 뒤 70세가 되어 제

2의 인생을 시작할 때 약 22억 원의 평가금액을 얻을 수 있다. 또한 미국 S&P500 배당수익률인 1.5%를 적용했을 때 연간 3,300만 원 배당금을 받을 수 있으니 월평균 275만 원을 수령할 수 있다. 즉 배당만으로 노후를 즐길 수 있다는 것이다.

중요한 점은 10년 더 빨리 시작하거나 10년 더 투자 기간을 늘리면 평가금액의 2배가 되고, 배당금도 2배가 된다는 것이다. 연 수익률 7%를 10년간 유지하면 2배가 된다는 법칙이 바로 72법칙 아닌가. 이렇게 수익률을 극대화하기 위해서는 초반에 꾸준히 돈을 불입하고, 투자 시기를 앞당기거나, 오래 살아서 투자 기간을 늘려야 한다. 지금이 인생의 가장 젊은 날인 만큼 당장 투자를 시작해야 하는 이유이자 투자 체력과 함께 건강을 챙겨야 하는 이유이기도 하다.

다음 장에서는 우리나라의 대표 시스템 소득 중 하나인 부동산투자와 그로 인한 임대소득을 창출하는 방법에 대해 알아보고자 한다.

4

부동산소득

나 또한
내 자산 형성의 80%는
부동산이
기여했다고 본다.

내 집 마련부터 시작해야 하는 이유

대한민국에서 부동산을 빼고 재테크를 논할 수는 없다. 그만큼 대한민국 부동산 신화는 지금까지 이어지고 있다. 나 또한 지금 내 자산 형성의 80%는 부동산이 기여했다고 본다. 그래서 난 부동산을 사랑하고 앞으로도 평생 해야 하는 필수 활동이라고 굳건히 믿고 있다. 왜 사람들은 부동산투자에 이렇게 열을 올리는 것일까? 질문에 대한 답은 직접 부동산투자를 해보면 알게 된다.

우선 기본적으로 부동산은 의식주 중 가장 중요한 부분이다. 누구도 이를 무시하고 살아갈 수는 없기 때문이다. 물론 집을 사지 않아도 된다. 그러나 그런 선택을 한다고 할지라도 결국 나는 누군가의 집에 임차로 들어가야만 한다. 찜질방을 전전하며 살 수는 없지 않은가? 즉 부동산 매매와 임대 중 하나는 꼭 선택해야 한다는 것이다. 그렇다면 자본주의 사회에서 우린 어떤 선택을 하는 것이 옳을까? 앞서 자본주의 시장 참여자는 생산자가 되어야 한다고 했다. 부동산을 놓고 생산자와 소비자를 굳이 나눈다면 임대인은 임대 물건을 공급하는 생산자이며, 임차인은 임대인이 공급한 물건을 일정 비용을 내고 소비하는 소비자인 셈이다.

우리는 매번 남들이 만든 제품과 서비스를 소비하면서 살아가고 있는데 굳이 우리나라 대표 자산이자 내가 살아가는 터전인 부동산까지 소비하면서 살아갈 필요가 있을까? 그보다는 삶의 터전을 마련한다는 생각으로 내 집 마련을 하고, 더 나아가 남들이 찾는 상품과 서비스를 전국 각 지역에 내놓는 생산자이자 자산가로서 살아가는 게 좋지 않을까? 욕심을 조금 버리고 단계를 밟아간다고 생각하면 지금도 늦지 않았다. 단순히 집값이 너무 많이 올랐다고 다음을 기약하는 것이 아니라 그렇기 때문에 더욱 관심을 가지고 시장에 머물러야 한다. 내 집 마련을 해야 하는 이유에 대해 조금 더 알아보자.

1. 내 집 마련은 선택의 문제가 아니라 디폴트 값이기 때문이다

자산은, 특히 내 집 한 칸은 렌트가 아니라 소유의 개념으로 보는 것이 좋다. 아직도 지불한 전세금을 그대로 돌려받는다고 생각하는 사람들이 많다. 특히 지금처럼 통화량이 매우 팽창하는 구간에서 2년 묶어 놓은 전세금은 화폐가치 절하로 하향조정 될 수밖에 없음에도 말이다. 현재 LTV 이슈로 내 집 마련이 어렵다면 전세 투자를 통해 앞으로 거주를 희망하는 곳을 선매수 하는 것도 방법이다. 수요가 꾸준한 지역은 현재 LTV 담보대출 한도보다 전세금이 더 높은 경우가 대부분이다. 저금리 시대인 만큼 월세로 접근해도 대출이자보다 임대료(월세)가 높은 것도 사실이다. 자산을 보유한 사람들은 절대 손해보는 일은 하지 않는다. 이것이 무너지면 자산시장도 무너질 수밖에 없다. 누군가 어떤 자산을 산다는 것 자체에 의미를 부여해보면 렌트를 했을 때 얻는 효용보다 소유를 했을 때 얻는 효용이 크다는 사실을 알 수 있다.

반대로 남의 집을 렌트 후 거주한다는 것은 거주하는 동안 상대에게 무이자 대출을 제공하는 것이다. 즉 상대는 나를 레버리지 대상으로 자산 증식의 수단으로 활용하고, 나는 상대에게 레버리지 대상이 된 만큼 상대적으로 자산 축소를 경험하게 된다. 누군가는 내 집 마련은 물론이고 유이자 은행대출과 무이자 대출격인 임대보증금을 활용해 추가 자산을 사서 자본주의에 순응한 활동을 하고, 누군가는 보조 역할만 한다는 사실이 무섭지 않은가? 뒤늦게 깨달으면 이미 늦다. 나 또한 결혼 당시 오피스텔에 전세로 들어갈 때 임대인이 나를 레버리지 한다는 생각을 하지 못했다. 감가만 되는 자산을 공짜로 제공한다고 기뻐했던 기억밖에 없다.

자산가들에게 내 집 마련은 디폴트 값일 뿐 다수의 부동산을 차근차근 취득해 총자산을 불리는 게임을 하고 있다는 사실을 기억해야 한다. 그만큼 내 집 마련은 선택이 아니라 필수다. 단기적으로 보면 오답일 수 있으나 장기적으로 보면 자본주의 사회에서 특히 부동산시장은 우상향에 수렴하는 만큼 내 집 마련을 하는 데 있어서는 렌트 개념보다 소유 개념을 접목해야 한다.

2. 인플레이션 헤지 수단 이상의 가치를 지닌 유형자산이기 때문이다

아래 그래프에서 확인할 수 있듯이 20년간 국내 시중 통화량(M2)은 2001년 1월 711조 원에서 2020년 12월 3,197조 원으로 약 4.5배 증가했고, 서울 아파트 매매지수는 2001년 1월 33에서 116으로 약 3.5배 증가했다. 예를 들어 20년 전 3억 원을 가지고 서울 아파트 매매를 선택했다면 20년 뒤 자산은 10억 5천만 원으로 불어나고, 전세를 선택했다면 20년간 화폐가치 하락에 의해 구매력 측면에서 1억 천만 원의 가치밖에 되지 않기에 자산 격차는 약 10배까지 벌어질 수 있다. 그만큼 부동산이라는 실물자산이 가지는 인플레이션 헤지 효과는 크다.

따라서 대출을 활용해 집을 매수 후 실거주를 하거나, 대출한도 이슈로 매수가 어렵다면 전세 투자를 해서라도 내 집을 미리 마련해두는 것이 중요하다. 혹시 본인이 서울·수도권 등 주택 수요가 높은 지역에서 근무하고 있다면 축복할 일이다. 지역을 차별하는 것은 아니지만, 사람

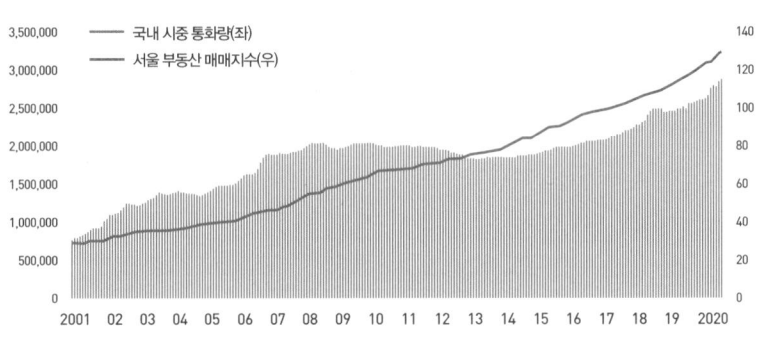

국내 시중 통화량 vs. 서울 부동산 매매지수 추이 (2001년~2020년)

• 단위: 십억 원

은 서울로, 말은 제주로 가야 한다는 말이 그냥 나온 게 아니다. 나 역시 운 좋게도 서울 도심부에 직장이 있었기에 직주를 해결하기 위해 수도권과 서울 지역을 공부할 수 있었고, 내 집 마련을 통해 부동산투자 시장에 발을 내딛을 수 있었다.

본인이 거주하는 곳이 수요가 감소하는 지역인데도 해당 지역에 내 집을 마련해야 하는지 궁금할 수 있다. 나는 아니라고 얘기하는 편이다. 수요가 하락하는 지역은 앞으로도 가격 조정을 받을 확률이 높다. 내 집 마련도 결국 재테크 관점에서 접근해야 한다는 얘기다. 실거주 1채는 국가가 허용한 비과세 전략 중 하나다. 위와 같은 경우라면 오를 만한 지역 또는 앞으로 이사를 가고 싶은 지역을 대체 매수하고, 근무지 주변에서 임대로 거주하는 것을 고려해야 할 것이다.

조금 더 나아가볼까? 자산가들은 월세라는 제도를 잘 활용하는 편이다. 기회비용 측면에서 본인이 더 큰 성과를 만들어낼 수 있다면 자발적 월세입자가 되어 목돈을 마련해 자산 투자 및 사업 확장에 자금을 투입하는 것이 어쩌면 당연하다. 이런 식으로 1억 원이라는 자금을 확보해 배당주를 매수해서 4~5% 배당을 받기도 하고, 부동산투자(경매/분양권/전세 레버리지/월세)를 통해 +α 차익거래를 하기도 한다.

또한 주택을 은행처럼 활용하는 자산가들도 많다. 초반에는 대출을 일으켜 매수했으나 10년, 20년, 30년이 지나 대출 원금을 전부 갚는다면 해당 부동산은 은행과 같은 역할을 하게 된다. 지금은 현금흐름 차원에서 월세를 받고 있지만 목돈이 필요한 상황이 초래되면 향후엔 반전세나 전세로 전환하여 자금을 활용할 수 있기 때문이다. 반대로 다시 현금흐름이 필요한 시기가 온다면 은행에 예금하듯이 임대보증금을 반환하고 월세로 전환해서 월세를 받는다. 중요한 것은 시간이 지남에 따라 해당 부동산 담보가치도 상승하며 이에 따라 월세흐름 및 대출한도도 함께 올라간다는 사실이다. 이렇게 자산가들은 부동산을 단순히 내 집 마련 및 시세차익을 얻는 수단을 넘어 그 이상의 가치를 지닌 유형자산으로 활용하고 있다.

기회비용을 고려한 투자 재원 마련 사례

2017년 서울 도심부에 있는 $84m^2$ 크기의 아파트를 매수해 실거주 중인 지인의 실제 사례다. 8억 원대 매수한 아파트가 현재 15억 원에 육박하면서 기회비용 차원에서 경기도 외곽으로 이사를 갈지 고민을 하던 지인이 있다. 지인의 평소 라이프스타일을 보면 경기도 외곽의 한 단계 큰 평수로 이사를 가는 것은 기회비용을 고려했을 때도 나쁘지 않은 선택이라고 판단했다. 다만, 해당 주택을 매도하고 경기도 외곽지를 매수하는 건 절대적으로 피해야 한다고 조언했다. 부동산투자는 더 나은 주택을 사기 위한 노력의 집합체이며, 따라서 상급지 주택을 매도하고 중하급지 주택을 선택하는 오류는 범하지 말아야 한다.

최종적으로 해당 주택에 남아 있는 대출금은 그대로 두고, 대출 원리금을 상환할 만큼의 월세를 계산하여 반전세 보증금 6억 원에 월세 100만 원으로 임대차계약을 맺었다. 그렇게 지인은 현재 아파트의 대출을 그대로 남기고, 받은 보증금을 가지고 경기도 외곽에 보증금 2억 원, 월세 50만 원에 해당하는 주택으로 이사했다. 보증금 6억 원을 받아 2억 원을 본인 실거주에 투자하고, 차액은 투자 재원으로 사용하고, 기존 서울 아파트의 대출 원리금은 임차인의 월세로 충당하고 있다. 이런 게 바로 베스트 사례가 아닐까? 투자를 위한 종잣돈을 확보하는 동시에 내가 매월 지출하는 원리금 부담을 커버하면서, 본인의 라이프스타일에 맞춰 일상을 꾸려가는 것 말이다. 자본주의 사회를 살아가는 우리는 이렇듯 현재 상황을 좀 더 개선시키기 위한 방법을 찾기 위해 끊임없이 고민해야 한다.

---

3. 가족의 삶의 터전이자 추억을 담아내는 무형 자산이기 때문이다

내 집 마련에 다른 의미를 부여해보자. 앞서 기술했던 것과는 상반된 내용이다. 그만큼 나를 포함한 대부분이 잊고 살았던 사실인지도 모르겠다. 2020년 12월 31일자로 퇴사를 하고 가족과 함께 지내는 시간이 많아졌다. 매일 새벽같이 출근해서 늦게 퇴근을 하다 보니 집을 1차적 의미, 즉 단순히 나와 나의 가족이 안전하게 지낼 수 있는 작은 울타리와 자산 증식의 수단으로만 생각했다. 그런데 그게 아니었다. 내가 외부에 있어서 몰랐던 것이지 집은 거주용도 및 자산으로써 가치를 가질 뿐만 아니라 아이와 아내의 생활 터전 그 자체였다. 주변 편의시설, 놀이터, 학교, 공원을 거니는 사람들과 지내며 얻는 추억들을 담아내는 장소가 집이었던 것이다. 그뿐만 아니라 집이 주는 안정감, 이로 인한 가정의 평안이 나의 사회생활 및 투자활동에도 긍정적인 영향을 주었다. 이 렇듯 단편적인 수단으로만 정의하고 바라보기에는 집이 가지는 무형의 가치는 상당하다. 무형의 가치도 함께 계산하고 집을 바라본다면 내 집 마련이 한결 쉬워질 것이다. 물론 사람마다 중요하게 생각하는 가치는 다르다. 이전의 나처럼 자산 증식의 도구로 활용하는 것에 더 많은 가치 를 둔다면 그리고 더 나은 주거지로 이동한다는 전제가 바탕이 된다면 주거지 이동도 충분히 고려해봐야 한다.

월스트리트 역사상 가장 성공한 펀드매니저로 칭송받는 피터 린치도 이런 말을 했다.

"우리는 주식투자보다 집 장만을 먼저 고려해야 한다. 집은 거의 모든 사람이 어떻게든 보유하는 훌륭한 투자이기 때문이다. 하수구 근처에 지 은 집이나 호화 주택가의 저택처럼 가격이 폭락하는 예외도 있지만, (10중 8~9가 아니라) 100중 99채의 집은 돈을 벌어준다."

　-《전설로 떠나는 월가의 영웅》, 피터 린치·존 로스차일드 지음, 국일증 권경제연구소, 125쪽

피터 린치도 놀랄 만한 제도가 한국엔 하나 더 있지 않은가? 전세라 는 제도 말이다. 전세는 속일 수 없는 지표다. 누군가 10채를 보유하고 있더라도 1채만 실제 거주할 수 있고 9채는 임대를 주어야 하기 때문이 다. 따라서 실수요자 유입으로 전세가격이 상승하여 매매가와의 차이가 줄어드는 때를 주목해야 한다. 전세가율이 높아진다는 것은 안전마진이

그만큼 높아졌다는 것이며, 전세는 실사용 가치가 부여된 만큼 물가상승분을 가장 잘 반영하기 때문이다. 물가가 오르는 이상 전세가격이 하락하기란 어렵다. 우리가 살면서 접하는 전세가 하락으로 인한 문제들은 주변 대규모 입주 물량으로 인한 일시적인 조정일 뿐, 전세가격은 다시 물가상승 속도에 맞춰 올라갈 것이다.

꼭 기억하자. 누구나 매매와 임대 중 하나는 반드시 선택해야 하며, 매매는 매수 후 공실로 놓을 수는 있지만 임대는 계약 체결 후 공실로 놓는 경우가 매우 드물다는 사실을 말이다. 전세라는 유형에 실사용 가치가 부여되는 만큼 물가상승률에 맞추어 전세가는 오를 것이고, 이에 매매가 또한 안전마진을 형성하며 우상향 그래프를 그릴 것이다.

인구가 감소한다는데 지금 부동산투자를 하는 게 맞을까?

서울·수도권은 인구 감소와 큰 연관성이 없다. 양질의 일자리가 수도권에 집중되고 있기 때문이다. 시장 참여자 대부분도 이를 잘 알고 있다. 문제는 지방이다.

'2030년을 정점으로 전체 인구가 줄어드는 가운데 지방은 인구 감소 폭이 더 가파를 것이다.'

위 명제는 시장에 만연해 있고 이미 가격에 반영된 상태다. 수도권 집중 현상이 벌어질수록 수도권은 이슈가 없어도 수도권 내에서 양극화가 더 심해질 것이며 지방도 나름대로 KTX역 주변으로 1입지 로데오 상권을 낀 구축단지들이 신축으로 탈바꿈하며 양극화를 키울 것으로 전망한다. 전체 인구가 감소하고 이런 와중에 수도권으로 인구가 빨려 들어갈지라도 지방에도 의사, 변호사 등 전문직 종사자가 있고, 신축 수요는 항상 존재한다는 사실을 기억하자. 오히려 이런 질문을 해야 한다.

'인구 감소로 인해 지방은 더욱더 신규 택지 지정이 어렵지 않을까?'
'내가 건설사 관계자라면 지방의 인구가 이탈하는 가운데 지방에 신규 땅을 매입해서 도시개발을 할 것인가? 아니면 기존 거주자들의 선호도가 높았던 1입지 구축단지를 개발할 것인가?'

작년부터 각 지역 A급 입지에 위치한 저층의 오래되고 지분이 많은 주공단지들을 내가 매입한 이유이기도 하다. 초반엔 공시가 1억 원 이슈로 다가갔지만, 그건 부차적 이유로 자리 잡은 지 오래다. 역사적 저점을 찍었다는 점과 그동안 해당 단지들이 깔고 있는 대지지분과 그 대지지분의 연평균 상승률이 상당했다는 근거로 접근했다.

편견을 버리고 좀 더 장기적인 안목을 가지고 시장을 바라봐야 한다. 모두가 아니라고 할 때 그 안에서 기회를 찾고자 움직이는 사람만이 좋은 성과를 낼 수 있는 법이다.

규제를 피해 신축 오피스텔 청약으로 내 집 마련하기

규제지역의 경우는 아파트뿐만 아니라 개발 압력이 큰 구옥빌라까지 유효하지만 비규제지역은 아파트 또는 재건축·재개발 확정 빌라까지만 보는 게 좋다. 즉 소형 빌라 및 소형 원룸형 오피스텔의 경우에는 신축을 피하는 것이 좋다. 현재는 규제로 인해 오피스텔까지 강세를 보이고 있는데 오피스텔을 투자해야 한다면 원룸형은 반드시 피하자. 원룸은 분양받는 것이 아니라면, 또 정말 특별한 경우가 아니라면 분양가를 넘어서기가 쉽지 않다.

왜 원룸형 상품은 인기가 없을까? 이는 수요자 한정 상품이기 때문이다. 원룸보다는 투룸, 투룸보다는 쓰리룸이 더 많은 수요자를 끌어올 수 있는 법이다. 원룸은 1인 가구를 특정하지만, 투룸은 1인 가구를 포함한 신혼부부 또는 자녀 한 명을 포함한 3인 가구, 쓰리룸은 원룸, 투룸 수요자를 포함한 대부분 가구의 수요를 가져올 수 있기 때문이다. 또한 원룸 오피스텔을 대체할 다른 자산들도 굉장히 많으며 진입장벽이 낮기에 언제든 옆에 또 다른 신축이 들어설 수 있다. 여기서 대체 가능한 부동산이란 빌라, 오피스텔, 소형아파트, 도시형 생활주택, 생활숙박시설, 셰어하우스 등을 말하며, 현재 정부 정책 기조 또한 역세권 소형 주택 공급인 만큼 앞으로 수요를 빼앗길 가능성이 높다. 다만 부동산 규제, 대출 규제 등으로 투자 수요뿐만 아니라 실수요까지 차단이 된 상태인 만큼 아파트의 대체재로서 주거형 오피스텔(3룸)의 수요는 꾸준히 증가할 것이다. 아파트의 부족한 부분을 채워줄 만큼 입지와 편리성 측면에서 우위를 점한 아파텔*의 경우라면 투자는 유효하다.

---

* 아파트와 오피스텔을 합쳐 만든 신조어로, 주거용 오피스텔의 별칭이다.

부동산투자 시 알고 있어야 하는 기본기

1. 중개인을 내 편으로 만들어야 한다

결국 내게 좋은 물건을 소개해주는 사람은 부동산 중개인이다. 그러나 중개인을 단순히 고액의 수수료를 받아가는 사람 또는 서류 작업이나 하는 사람으로 보는 이들이 있다. 수많은 사람을 상대하는 중개인이 이런 눈초리를 과연 모를까? 단숨에 알아보는 법이다. 투자자는 오히려 이를 잘 활용하곤 한다. 결국 시세보다 저렴하고 상태가 좋은 매물을 소개해주는 사람은 중개인이기 때문이다. 투자자인 내가 활용했던 팁과 더불어 무주택 실수요자만이 사용 가능한 팁을 섞는다면 나에게 연락을 줄 확률이 배로 늘지 않을까?

우선 주기적으로 나를 알리는 것이 중요하다. 자주 방문하고 연락하고 이벤트가 있는 날에는 카카오톡으로 선물도 보내고 명절맞이 작은 선물세트를 사서 직접 전하는 식으로 틈틈이 나의 존재를 알려야 한다. 해당 지역 내 물건을 꼭 사고 싶다면 중개소를 방문할 때도 빈손으로 가는 것보다는 음료나 과일이라도 사서 방문하는 것이 좋지 않을까? 거래는 결국 기계와 하는 것이 아니라 사람과 사람이 하는 것이다.

2. 부동산에 가서 말을 많이 하지 말자

초보자들이 실수하는 것 중 하나가 바로 이것이다. 초보자 티를 내지 않기 위해서 이것저것 일방적으로 많은 얘기를 하는 것은 좋지 않다. 정보를 얻으러 간 것이고, 중개사도 정보를 제공하길 원하는 사람인 만큼 우선 질문만 하고 그에 대한 답만 듣자. 물론 상황에 따라 다르겠지만 굳이 아는 척을 할 필요가 없다는 것이다. 나는 괜찮은 가격대의 나의 집을 마련하러 간 것이다. 무주택 실수요자임을 간접적으로 나타내면 투자자에게 갈 물건도 내게 올 수 있다. 생각보다 나쁜 사람은 없다. 한국 특유의 정을 잘 활용해보자. 지금과 같은 상황에서 무주택 실수요자를 더 챙겨주고 싶은 것이 보통이다. 물론 투자자에 비해 중개수수료는 적게 수취하겠지만 말이다.

참고. 투자자는 6번의 수수료를 제공하는 사람이 되기도 한다.

매도자 매수자간 매매거래(2건)
전월세 거래(2건)

물건 찾기가 어느 때보다 어려운 지금, 정말 살고 싶은 단지가 있다면 적극적으로 행동하자.

3. 좋은 매물이 나올 확률을 높여야 한다

내 집 마련도 전략이다. 좋은 매물이 나올 확률이 10%라면 그 확률 값에 집중하기보다는 모수를 늘리는 활동에 집중해야 한다. 동일한 10% 확률도 모수를 늘리면 100%가 되기도 한다. 예를 들어 본인이 아는 단지가 10개이고 좋은 급매물이 나올 확률이 10%라면 1개이지만, 단지가 100개가 된다면 같은 10% 확률을 적용하면 10개가 된다. 즉 대상 모수를 10배 키워서 아는 단지를 100개로 늘리면, 같은 10% 확률이라도 10개 단지만 알았을 때를 기준으로 보면 확률은 100%가 된다. 100개 단지는 사실 많은 게 아니다. 1주일에 평일 1개, 주말 1개 단지 임장을 꾸준히 1년간 하면 52주이기 때문에 최소 100개는 가능하다. 방문하기 전에 블로그나 카페 등을 통해 정보를 얻고 온라인 지도로 보던 길을 현장에 가서 실제로 걷고 부동산에 들어가 매물도 보자.

인터넷에서 접한 정보는 이미 모두가 아는 만큼 내가 현장에서 중개사를 만나고 매물도 실제로 보며 나만의 데이터를 쌓아가야 한다. 부동산 중개소에 들어가는 것을 두려워하면 안 된다. 나를 부자로 만들어주는 파트너라 생각하고, 적극적으로 집을 보여 달라고 하며 내가 보고 듣고 느낀 것을 모두 기록해야 한다. 임장을 할 때 녹음기를 켜고 중개사와 나눈 얘기들을 기록하고, 해당 세대를 방문해서 양해를 구하고 창밖 풍경과 내부 상태도 모두 기록하자. 집에 돌아와서는 현장에서만 들을 수 있었던 내용들을 따로 정리하고, 내가 걸었던 발자취도 온라인 지도를 켜고 따라 그리면서 오늘 있었던 일들을 하나의 기억으로 저장해보자. 이런 활동이 1년마다 100개씩 쌓인다면 실수를 하는 게 오히려 이상한 것이다. 그렇게 3년간 300개 단지를 머릿속 지도에 채워 넣자. 분명 10%의 확률로 좋은 기회가 찾아올 것이다. 기회가 찾아올 확률을 높이고, 기회가 찾아왔을 때 잽싸게 잡을 수 있는 능력은 이렇듯 본인 스스로 만들어야 하는 것이다.

어떤가? 지금 당장 지도를 펼쳐서 임장할 곳을 탐색하고 주변 정보를 얻고 싶지 않은가? 그리고 곧바로 내일 현장에 나가 중개사와 얘기를 나누고 물건을 보며 그때 그 순간에만 느낄 수 있었던 모든 것들을 기록하고 싶지 않은가? 그럼 당장 실행하고 내가 경험한 것들을 주변 사람들에게 공유하며 100% 나의 것으로 만들면 된다.

4. 내 집 마련에 초점을 두고 있다면 투자자와 반대로 갈 필요가 있다

투자는 규제가 있는 곳에 하라는 말이 있다. 그만큼 사람들이 먼저 찾고 선호하는 상품이라 규제를 하는 것이기 때문이다. 보통의 투자자라면 한정된 자금으로 수익률을 높이고 리스크는 낮출 수 있는 투자 대상을 찾아 나서기 마련이다. 수익률을 높이려면 대출 등 규제가 적어야 하며, 리스크를 줄이려면 입주 물량이 많은 곳은 피해야 하는 것 아닌가. 따라서 실수요자라면 반대로 투자자 접근이 어려운 규제지역 중 입주 물량이 많다고 평가받는 곳에서 기회를 찾을 수 있다. 실수요자는 실제 본인이 거주하는 만큼 입주 물량 과다에 따른 전월세 가격 하락과 무관하며 대출 측면에서도 유주택자 대비 우위를 점할 수 있기 때문이다. 그러나 이와 반대로 규제를 피해 이동하는 투자자를 따라 함께 이동하는 무주택 실수요자가 아직 많이 보여서 아쉬울 따름이다.

5. 젊을수록 주거지 이동에 제한을 두지 말자

앞서 얘기했듯 내 집 마련을 하는 순간부터 또 다른 내 집 마련을 생각하는 습관이 필요하다. 이제는 평생 거주지라는 개념은 버려야 한다. 이사를 하면서도 다음 이사 갈 곳을 고민하는 것이 필요하다. 돈이 없을수록 몸이 고생해야 한다는 사실을 이해하고, 이사를 다니며 안전하게 자산을 불리는 노력을 해야 하는 이유다. 가장 안전한 투자는 내가 매수한 집에 직접 거주함으로써 자산 변동성을 이겨내는 실거주 투자다. 모든 자산은 단기 변동성을 이겨내야 달콤한 수익을 준다. 부동산투자 시가장 주의해야 하는 사항이 수요 감소로 인한 전월세 가격 하락, 이로인한 매매가 하락인데 실거주 투자는 해당 리스크를 거주하면서 충분히 헤지가 가능하다. 단기 변동성에 의해 가격이 하락할지라도 다시 전월세 및 매매 가격이 올라올 때까지 거주하며 이러한 위험들을 상쇄할수 있기 때문이다.

그렇게 리스크 헤지가 가능할 때까지 몸뚱이를 굴리며 소득을 늘리고 절약, 검소를 생활화하며 종잣돈을 모으는 와중에 여기저기 손품·발품을 팔며 다음 거주지를 탐색하는 일도 게을리해서는 안 된다. 각 결혼

연차 때 중요하게 여기는 가치를 지닌 지역을 선매수하고 이사를 가고, 또 이사를 가면서 자산을 불리고, 투자 경험을 쌓고 지역을 이해하는 습관을 들인다면 자산을 안전하게 불릴 수 있다. 여기서 중요시하는 가치란, 신혼 때는 역세권·편의시설·직주근접이 될 수 있고 아이들이 한창 자라는 시기라면 학군이 될 수 있다. 지금은 규제로 인해 주거 이동에 제약이 많아진 게 사실이지만 이 또한 시간을 두고 기다려보자. 하나둘 풀리는 때는 반드시 올 것이다.

결혼 7년 차, 4번의 이사를 하며 느낀 것이 하나 더 있다. 어느 지역에 거주를 한다는 건 그 지역의 전문가가 될 확률도 높아진다는 것이다. 실제 거주하며 상권을 둘러보고 사람들의 동선과 주변 아파트 시세를 이해하려는 노력을 한다면 해당 지역의 작은 변화까지 감지할 수 있는 능력을 갖출 수 있다. 한 살이라도 젊을 때 감내하는 리스크와 경험의 가치는 돈으로 환산할 수 없다. 과정이 없다면 리스크를 인지하는 능력도 떨어질 것이고, 경험을 하지 않았기에 리스크에 쉽게 노출되어 그동안 열심히 모은 돈을 잃을 확률도 높아질 것이다. 주거지 이동을 너무 나쁘게만 바라보지 말자.

실제 나의 사례를 하나 소개하자면, 조금이라도 나이가 젊을 때 그리고 아이가 어릴 때 주거지 이동을 투자 수단으로 활용해야 한다는 측면에서, 나의 첫 집이자 신혼집인 평촌을 중심으로 가로축을 연결하여 상대적으로 매매가가 낮았던 지역의 분양권을 매수했다. 첫 번째가 경기도 광주였고, 두 번째가 인천 송도였다. 거주지 마련에 있어서 중요한 건 다음 거주할 주택을 선매수 후 본인 주택을 처분할지 임대를 줄지

결정하는 것이다. 무턱대고 본인이 거주 중인 집부터 매도 후 다음 집을 알아보는 것은 잘못된 선택을 할 확률을 높인다. 내 집을 선매도 후 다음 집을 구하지 못한다면 다시 임대로 들어가거나 원하지 않는 지역을 매수할 수 있기 때문이다.

다음 집을 구하는 방법으로는 크게 전세보증금을 활용한 갭투자와 분양권 매수가 있는데 나는 후자를 선택했다. 만 30년 된 구축 소형 아파트에 살면서 새 아파트를 꿈꿨다고 해야 할까? 경기도 광주에 장기 미분양 중인 아파트 분양권을 매수하고 입주 시점에 맞춰 평촌 집을 반전세 주었다. 그리고 광주로 이사한 뒤에 다음 거주지로 가로축 끝단에 위치한 송도국제도시 분양권을 매수하는 데 집중했다. 그렇게 광주에서 2년 거주 후 지금은 송도국제도시에 거주 중이다. 지금은 대출 규제로 분양권 투자에 어려움이 있는 게 사실이다. 그러나 이들 규제는 결국 완화될 것이고, 실제 무주택 실수요자에게 아직 기회가 열려 있다. 오히려 규제가 많은 곳은 투자자 접근이 불가한 만큼 무주택자에게 좋은 기회가 된다. 투자자들이 우르르 몰려간다고 따라갈 것이 아니라 규제로 인해 투자자들이 접근하기 어려운 규제지역을 보는 것은 어떨까?

6. 대상을 한정하지 말자

신축, 대단지, 초품아(단지 내 초등학교를 품고 있는 아파트), 역세권, 상권이 번영한 곳만 본다면 많은 기회를 놓친다. 좋은 대상을 고르는 눈도 중요하지만, 가격도 중요한 지표가 된다. 좋은 매물이라도 가격이 좋지 않으면 나쁜 매물이 되기도 하고, 반대로 나쁜 매물이라도 가격이 좋으면 좋은 매물이 될 수 있기 때문이다. 지금 시장은 무엇보다 신축을 원한다. 그만큼 내 집이 되기 어려운데도 그 공간을 비집고 차지하기 위해 고군분투하는 이들이 많다.

A급 입지에 위치한 역세권 구축 아파트와 B급 입지에 위치한 비역세권 신축 아파트가 있다. 어떤 선택을 하는 것이 좋을까? 시세 상승은 분명 신축부터 시작하여 구축으로 옮겨간다. 따라서 구축들이 모인 곳에 신축은 전 재산을 다 털어서라도 사라는 말도 있는 것이다. 그러나 신축과 구축으로 나누기 이전에 입지 상황을 놓고 판단해야 한다. 아파트 이전에 토지가 있는 법이고, 그 토지 위에 아파트를 짓기 때문이다. 신축도 10년이 지나면 구축 아파트 취급을 받는다. 즉 입지적으로 열위에 있는 비역세권 신축단지가 크게 상승했다면 반대로 입지적으로 우위에 있는 역세권 구축단지를 봐야 하는 것이다. 시간이 지날수록 신축의 감가는 커질 것이며, 반대로 역세권에 위치한 대지지분이 많은 역세권 단지의 대지지분 가치는 높아질 것이기 때문이다.

사람들의 소득수준은 모두 다르기에, 신축이 먼저 시세 상승을 보이면, 다음으로 입지가 좋은 구축과 입지가 조금 빠지는 준신축이 신축단지의 가격에 맞춰 따라붙을 수밖에 없다. 2020년은 준공 30년이 다 되어가는 노후화된 1기 신도시 신축단지들이 시세 상승을 이끌었던 만큼 2021년은 주변 구축들이 따라붙는 한 해가 될 것이다.

갭 메우기

부동산투자 시 절대값과 상대값을 이해해야 한다. 절대값은 앞에서 소개한 것처럼 대지지분은 우상향하며 아파트 매매가를 자극한다는 사실이다. 지역별·자산별 수급과 개발 이슈 등으로 누계 상승값이 아파트에 반영되는 속도에 차이가 있을 뿐이다.

예를 들어 현재 A아파트는 2억 원, B아파트는 1억 원의 시세인데 10년을 두고 100% 상승한다고 가정해보자. A는 10년 동안 매년 가격 반영돼 꾸준히 분할하여 100% 상승률을 채우고, B는 9년간 시세변동이 전혀 없다가 10년 차에 한 번에 100% 상승률을 보일 수 있다는 것이다.

왜 이런 현상이 벌어질까? 바로 지역마다 수급 차이가 발생하고 시장 참여자들의 소득수준에서도 차이가 있다. A지역을 찾는 수요자가 갑자기 증가했는데 공급이 이를 따라가지 못해 가격이 한 번에 뛸 수 있는 반면에, B지역은 수요가 줄었는데 일시적인 대규모 공급으로 입주가 끝나는 시기까지 가격이 더디게 움직일 수 있다는 것이다.

또한 사람들의 소득수준이 다른 만큼 어느 한곳의 주택가격이 급등하면 결국 대체할 후보지역을 찾게 된다. 모두가 좋은 입지, 좋은 주택에 살 수는 없다. 따라서 투자를 할 때 항상 비교 대상을 찾아야 한다. 즉 갭 메우기 현상에 주목해야 한다.

갭 메우기 현상은 크게 3가지로 나뉜다.

① 지역 간 갭 메우기
② 지역 내 단지 간 갭 메우기
③ 단지 내 평형 간 갭 메우기

먼저 지역 간 갭을 메우고, 그다음 지역 내 단지 간 갭을 메우고, 마지막으로 단지 내 평형 간 갭을 메운다. 이들 현상만 잘 관찰해도 어느 물건이 상대적인 가격 우위를 점하고 있는지 추정할 수도 있다.

① 지역 간 갭 메우기 실제 투자 사례

평촌 A단지 21평(초록색) vs. 산본 B단지 24평(빨간색)˙

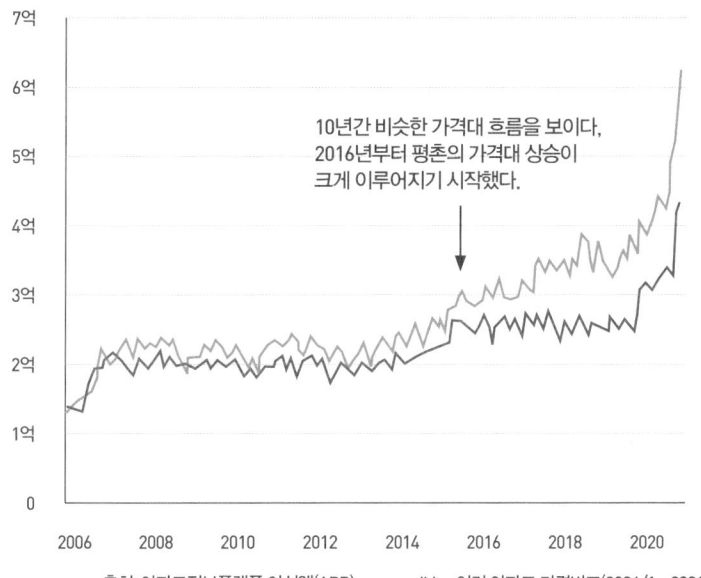

10년간 비슷한 가격대 흐름을 보이다,
2016년부터 평촌의 가격대 상승이
크게 이루어지기 시작했다.

• 출처: 아파트정보플랫폼 아실앱(APP), www.asil.kr, 여러 아파트 가격비교(2006/1~2021/6)

평촌에서 신혼생활을 시작한 만큼 평촌을 중심으로 투자처를 찾다가 산본의 B단지를 알게 됐다. 위 차트를 보면 알 수 있듯이 2개 지역 내 입지 수준이 비슷한 평촌 21평 아파트와 산본 24평 아파트 가격은 약 10년간 동일선상에서 움직이는 경향을 보였다. 그런데 2016년부터 평

• A단지는 평촌 샛별한양 6단지 21평, B단지는 산본 개나리 13단지 24평이다.

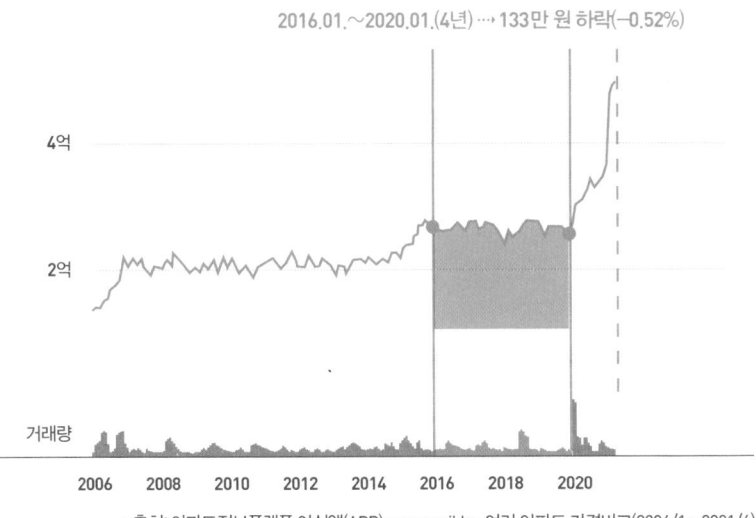

• 출처: 아파트정보플랫폼 아실앱(APP), www.asil.kr, 여러 아파트 가격비교(2006/1~2021/6)

촌 21평 가격대가 오르기 시작하면서 산본 24평 아파트와 가격 차이가 벌어지기 시작했다. 한 단계 상급지인 평촌을 택하는 것이 맞으나 당시 내겐 그런 개념이 없었다. 또한 평촌 아파트의 매매·전세 차이 금액은 투자 금액을 고려했을 때 산본의 2배 이상이었기 때문에 접근이 어려웠다. 따라서 산본신도시 24평 구축 물건을 전세 임차인의 전세금에 맞춰 약 2,500만 원을 투입하여 매수했다. 그러나 그 후로 인근 지역의 신규 입주 물량이 쏟아지며 전세가가 하락하기 시작했고 매매가 상승은커녕 역전세를 대비해야 하는 상황이 초래되기도 했다.

산본의 24평 아파트 시세가 제자리에 머무는 모습을 보였음에도 다른 지역의 비슷한 사례들을 찾고 공부했다. 지역 간 갭이 분명히 메워질

2016.01.~2021.04.(5년 3개월) ⋯→ 2억 2,367만 원 상승(87.26%)

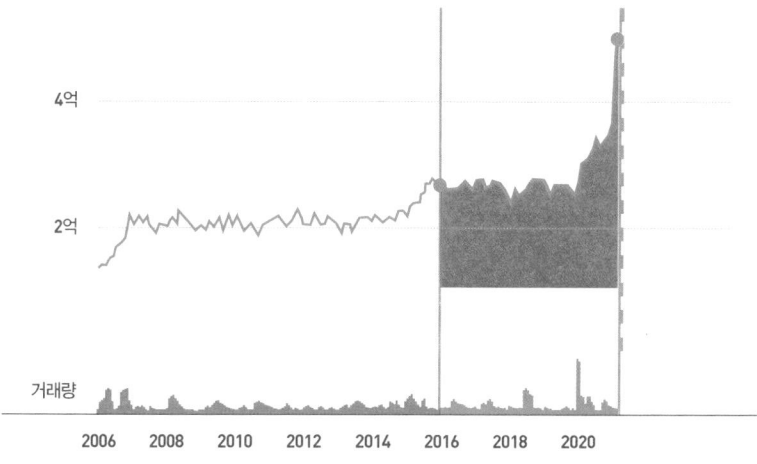

• 출처: 아파트정보플랫폼 아실앱(APP), www.asil.kr, 여러 아파트 가격비교(2006/1~2021/6)

것이란 판단 하에 해당 물건을 준공공임대사업자* 등록까지 했다. 그리고 머지않아 조금씩 매매 거래량이 늘어나기 시작했고, 매매가격이 유지되는 것과 달리 전세가격이 조금씩 반등하며 투자금 측면에서 투자자들에게 매력적으로 다가오기 시작했다.

결국 2개 단지의 가격 차이는 4년이 지난 이후부터 좁혀지기 시작했고, 산본의 대표 리모델링 추진 단지 중 하나가 되었다. 5년 3개월간 보유하며 얻은 상승분은(상단 차트) 최근 1년 3개월의 시세 상승분(뒤의 좌측

• 세제 혜택 등을 받는 대신 정부로부터 8년간 임대료 규제를 받는 민간 임대주택 사업자를 일컫는다.

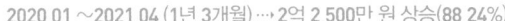

2020.01.～2021.04.(1년 3개월) … 2억 2,500만 원 상승(88.24%)

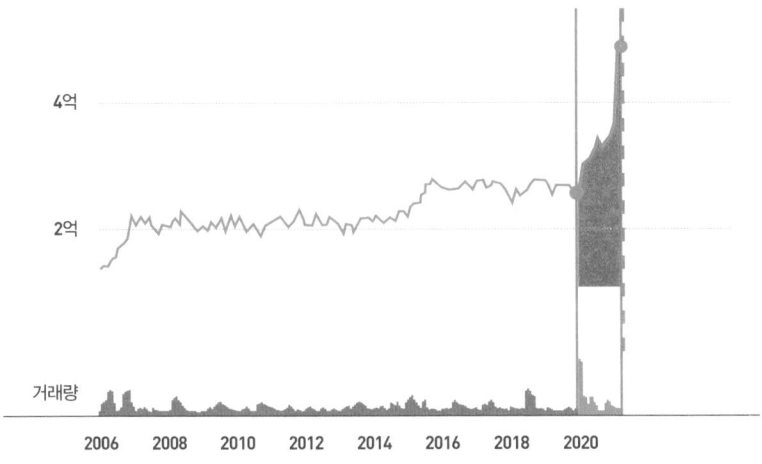

• 출처: 아파트정보플랫폼 아실앱(APP), www.asil.kr, 여러 아파트 가격비교(2006/1～2021/6)

차트)과 거의 동일하다는 점에서 먼저 상승한 평촌 A단지와의 가격 격차를 메워갔다고 볼 수 있는 사례다.

2021년 4월 누적 기준, 매매가 상승액은 2억 2,367만 원으로 기타 제반비용을 제외하고 투자금 2,500만 원 대비 약 1,000% 상승했다.

② 지역 내 단지 간 갭 메우기 실제 투자 사례

창동역 부근 A주공아파트 vs. 녹천역 부근 B주공아파트[•]

• A단지는 창동주공 3단지 21평, B단지는 창동주공 4단지 21평이다.

비교 대상이었던 3단지 창동 A아파트

년/월	매매 변동		
	하한가	상한가	등락폭*
2018.08.	33,500	36,500	↑ 1,250
2018.05.	32,250	35,250	↑ 625
2018.02.	32,000	34,250	↑ 1,125
2017.11.	30,500	33,500	↑ 1,125
2017.08.	29,000	32,750	↑ 750
2017.05.	28,500	31,750	0
2017.02.	28,500	31,750	↑ 375
2016.11.	28,500	31,000	↑ 3,625
2016.08.	24,750	27,500	↑ 875
2016.05.	23,750	26,750	↑ 375
2016.02.	23,250	26,500	↑ 875
2015.11.	22,250	25,750	↑ 750
2015.08.	21,500	25,000	↑ 750
2015.05.	21,250	23,750	↑ 500
2015.02.	20,750	23,250	↓ 500

• 단위: 만 원
• 등락폭: 상·하한가 평균치 비교
• 출처: 부동산뱅크 시세 조회

2016년 말 창동 주공단지를 매수했다. A아파트를 매수할지 B아파트를 매수할지 고민하던 중 A아파트의 가격이 갑자기 오르기 시작했다. 살펴보니 케이블 방송에서 A단지가 소개된 이유였다. 그러나 이는 갑작스러운 외부 수요일 가능성이 높으며 따라서 오랫동안 유지된 A와 B의 가격 차이만큼 B의 가격이 다시 붙을 것이라 판단했다. 당시 2개 단지의 21평형 가격 차이는 평균 2,000만 원이었다.

실제 매수한 4단지 창동 B아파트

년/월	매매 변동		
	하한가	상한가	등락폭*
2018.08.	27,250	30,750	↑ 125
2018.05.	27,000	30,750	↑ 700
2018.02.	26,000	30,350	↑ 1,175
2017.11.	25,250	28,750	0
2017.08.	25,250	28,750	↑ 2,375
2017.05.	23,000	26,250	↑ 375
2017.02.	23,000	25,500	↑ 250
2016.11.	23,000	25,000	↑ 1,000
2016.08.	22,000	24,000	↑ 500
2016.05.	21,000	24,000	↑ 250
2016.02.	20,500	24,000	0
2015.11.	20,500	24,000	↑ 500
2015.08.	19,750	23,750	↑ 1,250
2015.05.	18,750	22,250	0
2015.02.	18,750	22,250	↓ 250

• 단위: 만 원
• 등락폭: 상·하한가 평균치 비교
• 출처: 부동산뱅크 시세 조회

그러나 이번 이슈로 2개 단지의 가격 차이가 6천만 원으로 3배가 벌어지는 상황에서 A의 투자금은 커졌고 B에 대한 관심이 잠시 주춤하며 단지에서 급매물이 나오기도 했다. 시세보다 저렴한 급매물을 사서 시장 평균가에 임대를 맞춰서 투자금을 절반으로 줄일 수 있겠다는 생각을 하고 B단지를 공략했다. 좋은 자산은 앞으로도 더 크게 오르는 만큼 한 단계 더 좋은 자산을 사야 하는 것이 맞다. 그러나 해당 자산이 왜 오르는지 그 이유를 확인하고, 단지 자체의 큰 이슈가 아니라 단순히 외부 수요로 인한 상승인지 따져보고, 현재 나의 소득수준과 종잣돈 규모를 고려해 선택하는 것도 필요하다. 투자를 하다 보면 자금에 맞춰서 사는 것 자체가 중요할 때가 있는데, 이 부분을 잊지 말자.

21년 4월 누적 기준, 매매가 상승액은 약 3억 6,100만 원으로 기타 제반비용을 제외하고 투자금 3,900만 원 대비 약 900% 상승했다.

③ 단지 내 평형 간 갭 메우기 실제 투자 사례

신봉마을 LG자이 1차 50평(초록색) vs. 신봉마을 LG자이 1차 33평(빨간색)

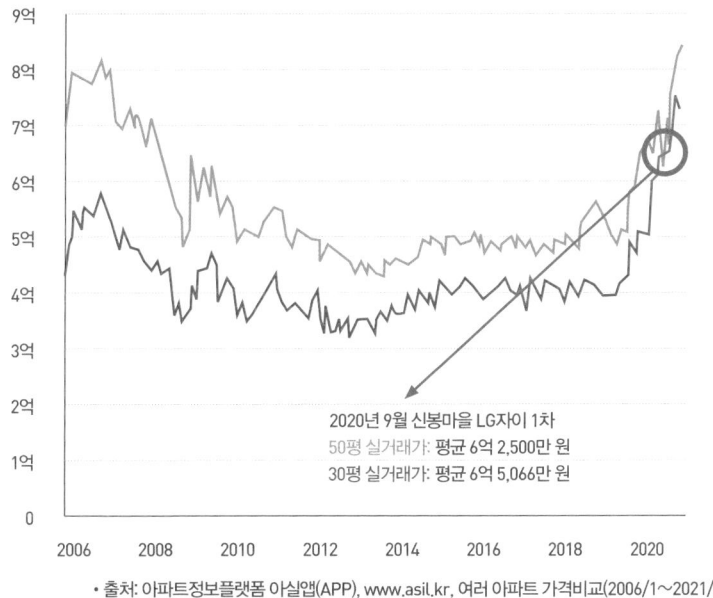

2020년 9월 신봉마을 LG자이 1차
50평 실거래가: 평균 6억 2,500만 원
30평 실거래가: 평균 6억 5,066만 원

• 출처: 아파트정보플랫폼 아실앱(APP), www.asil.kr, 여러 아파트 가격비교(2006/1~2021/6)

비슷한 가격이라면 관리비 문제를 떠나서 한 단계 큰 평수에 거주하고 싶은 게 사람 심리다. 이를 이해한다면 30평대 아파트 수요 증가로

30평대 평단가가 급등했을 때 오히려 40평대와 50평대 평단가를 봐야 한다. 최근 추이만 볼 게 아니라 과거 평형별 평단가 차이를 보고, 과거에 평형별 가격 차이가 어떠했는지 살펴보고, 현재를 평가해볼 필요가 있다.

앞서 얘기했듯 사람은 비슷한 가격이면 한 단계 큰 평수에 거주하고 싶어 한다. 이런 심리가 투영된 사례가 과거 상승장 후반부라고 보면 된다. 지금은 이해하기 어렵겠지만 과거엔 중대형 평수의 가격대가 더 높았다. 그러나 큰 조정이 찾아오고 사회 변화로 중대형 선호도가 낮아지며 약 10년간 30평대와 가격 차이를 좁히더니 2020년 3분기에는 동일 단지의 30평대가 50평대 매매가를 역전하기도 했다. 그럼에도 누군가는 중형의 시대는 끝났다고 여겼고, 누군가는 참여자들의 심리를 파악하고 개별 호수의 대지지분을 계산해 갈아타거나 투자로 접근했다.

위 갭 메우기 사례들에서 볼 수 있듯이 누군가는 하나의 지역, 하나의 단지의 과거 가격을 보고 현재 가격을 평가한다. 그리고 누군가는 여러 지역, 여러 단지, 여러 평형의 과거 가격을 보고 현재 가격을 평가하며 투자를 전개하고 있다. 항상 A 대비 B라는 개념을 이해하고 시장을 바라봐야 한다. 모든 것은 절대적이 아니라 상대적이기 때문이다.

특정 단지를 콕 찍어서 추천하지 않는 이유

함부로 지인에게 투자상품을 추천하면 안 된다. 반대로 남의 말을 들고 함부로 투자를 해서도 안 된다. 나 또한 지인에게 추천한 적이 없다고 할 수는 없다. 추천해서 다양한 경험을 해본 만큼 추천을 해선 안 된다고 전하는 것뿐이다. 투자에 대한 판단과 그에 따른 책임은 각자에게 있음에도, 남의 판단에 따라 움직여 성과가 좋으면 본인 덕분이고 나쁘면 최초 원인 제공자를 탓하는 게 대부분이기 때문이다.

또한 개인마다 살아온 배경, 현재 처한 상황, 그리고 투자 경험과 체력이 다르다. 따라서 같은 값을 투입하고도 누구는 좋은 성과를 내고 누구는 나쁜 성과를 낼 수가 있다. 현재 자산의 가치가 5이고 실제 가치는 10인데 10까지 가는 길이 험난해 심한 변동성에 잠시 5 아래로 내려갈 때 매도하는 경우가 있을 것이다. 또 7~8에서 매도한 후 더 치고 올라간 다른 자산을 보고 기회비용 차원에서 실패한 투자라며 탓하는 경우도 많다. 결국 전부 시차를 두고 우상향했지만 말이다.

실제 내 사례다. 2017년 남양주 덕소가 저평가 구간에 있다고 판단해 지인의 투자 체력을 고려하지 않고 친한 지인 2명에게 추천한 적이 있다. 다산지구·미사지구·강동지구 분양가와 가격 차이를 메울 것이며, 배산임수 평지에 위치해 있고 30년 연식을 향해가는 대지지분이 많은 구축이기 때문에 주변 분양 성공에 따라 개발 압력이 높아질 것이라는 판단에서 말이다. 당시 매매가 2억 1,000만 원, 전세가 1억 9,500만 원으로 1,500만 원을 투자했는데, 한 명은 주변 신도시 입주로 인해 전세가와 함께 매매가도 잠시 출렁일 때 그 찰나를 견디지 못해 매도를 했다. 또 다른 한 명은 그 순간을 잘 이겨내고 지금까지 보유하고 있다. 4년이 지난 지금 시세는 로열동 기준 4억 원으로 매매가 대비 100% 올랐으나 다른 지역의 상승폭을 놓고 잘못된 선택을 한 것 같다고 은연중에 얘기하곤 한다.

그러나 이들이 한 가지 놓치는 것이 있다. 본인이 투자한 금액을 고려하지 않고 성과를 판단한다는 것이다. 1,500만 원을 투자해서 약 2억 원의 시세 상승을 올렸다면 잘한 투자가 아닐까? 그 당시 3,000만 원밖에 없다던 말은 쏙 빼놓고 강남의 어느 단지가 10억 원 오를 때 2억 원 올랐다며 내 탓을 하는 걸 보고 그 후로는 추천은 하지 않겠다고 마음을 먹었다. 따라서 어디를 사면 되냐고 묻는 사람이 있다면 투자처 및 투자 유망지를 오픈하지 말자. 득보다 실이 더 클 테니 말이다.

앞으로 부동산투자를 할 때 어떤 지역과 상품을 보면 좋을까?

돈을 풀어서 위기를 막아내는 것이 일반화되었다. 실제로도 2020년 1분기 코로나19 1차 확산기에 연준(FED)이 먼저 돈을 풀어 경제 붕괴 위기를 매듭짓듯 넘어가면서 오히려 시장은 이전보다 더 많은 돈을 풀 것을 요구하고 있다. 돈을 푼다는 건 결국 부채를 키운다는 것인데, 문제는 이 부채 부담을 낮추기 위한 방법으로 인플레이션을 일으키는 방향으로 가고 있다는 것이다. 매번 강조하듯 시장의 우려에도 불구하고 우리 개인도 총자산 볼륨을 한 차례 더 키우는 쪽으로 방향을 잡고 움직일 필요가 있다는 얘기다.

본인이 돈이 많고 현금흐름이 좋다면 크게 고려할 건 없다. 무조건 1등 지역 1등 부동산을 사면 가장 높은 상승분을 가져갈 수 있기 때문이다. 그러나 누구나 아는 1등 지역 1등 부동산을 우리 같은 월급쟁이가 매수하기란 사실상 어렵기 때문에 차선을 택할 필요가 있다.

현재 누구나 아는 1등 지역 1등 물건이 10점이라면, 시간이 지날수록 앞으로 부동산 시가총액 규모가 증가할 지역 내 1등 물건은 9점이고, 해당 지역 주변에 위치해 도로와 철도가 신설돼 가로축·세로축이 연결되는 지역은 8점 정도가 될 것이다.

순서대로 알아보자.

1. 지역

IMF 성공 신화를 쓴 에셋플러스자산운용 강방천 회장이 기업을 바라볼 때 필히 체크하는 것이 있다. 바로 이익의 확장성이다. 해당 기업이 현재 창출하는 이익을 가지고 기업을 평가할 것이 아니라 앞으로 이익이 기하급수적으로 늘어날 플러스알파를 가지고 있는지를 계산해야 한다는 것이다. 부동산투자도 마찬가지다. 부동산에서 이익의 확장은 결국 수요의 확장을 뜻한다. 수요 확장에 영향을 미치는 2가지 요인은 무엇이 있을까? 바로 학군과 일자리다. 이들 요인은 그 자체만으로도 해당 지역의 개발을 유도하며 설령 주변에 대규모 주택 공급이 발생하더라도 결국 시차를 두고 신규 수요를 끌어온다.

'기술은 혁신을 거듭할 것이고, 점점 고령화 문제는 대두될 것이다'라는 측면에서 앞으로 유망한 IT산업과 바이오산업의 시장 파이는 점점 커질 것이다. 즉 우리는 IT산업과 바이오산업이 밀집된 지역에 집중할 필요가 있다. 커지는 시장 파이를 가장 크게 가져갈 수 있는 곳이기 때문이다. IT하면 떠오르는 곳은 판교테크노밸리, 바이오하면 떠오르는 곳은 송도 바이오클러스터다. 이들 지역을 중심으로 양질의 일자리가 확충될 것이며, 산업의 확장으로 이들 기업의 매출 및 이익 규모 증가와 함께 주변 부동산 가격도 움직일 것이다.

꼭 해당 지역일 필요는 없다. 모두가 소득수준, 자산수준, 살아온 방식, 가치관이 다르기 때문에 각자 중요시하는 가치에 따라 판교와 송도 주변에 위치한 지역을 보면 된다. 중심부의 수요 증가는 결국 사방으로 퍼지기 때문이다. 판교테크노밸리와 송도 바이오클러스터의 현황 및 주변 지역을 간략하게 살펴보자.

판교테크노밸리

판교테크노밸리는 글로벌 융복합 R&D 허브로서 기술혁신, 인력양성, 고용창출, 국제비즈니스 경쟁력 강화 등 국가의 신성장 동력을 확보하기 위해 조성된 경기도의 대표적인 혁신 클러스터다. 현 시대의 신성장 동력은 4차 산업혁명을 선도하는 첨단 ICBM[(I)사물인터넷, (C)클라우드, (B)빅데이터, (M)모바일] 등 IT산업과 BT(Bio)산업을 들 수 있다. 실제 네이버, 카카오, 안랩, 한글과컴퓨터를 비롯한 IT기업과 넥슨, 엔씨소프트 등 게임업체, 그리고 SK바이오팜, 차병원 그룹 등 BT기업들까지 제1테크노밸리에만 약 1,300여 개 기업이 입주한 상태이며 직원 수 또한 6만 3천여 명에 달한다. 총 매출액은 2019년 기준으로 100조를 넘어섰으며 현재 제2테크노밸리 입주를 앞두고 있다. 향후 제3테크노밸리까지 확장되어 본격적으로 운영이 된다면, 상호 시너지 효과를 크게

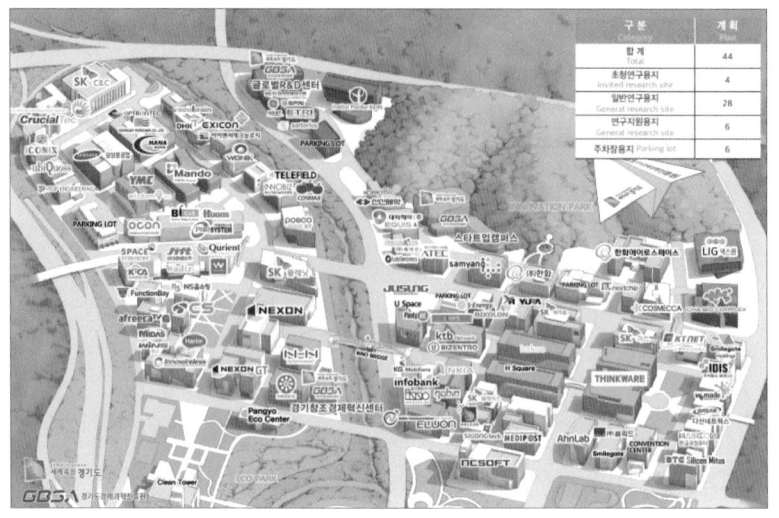

• 출처: 판교테크노밸리 홈페이지

누리는 대표 IT밸리가 될 것이 자명하다.

조금 더 나아가 판교를 중심으로 아래로 확장될 용인 플랫폼시티와 위쪽으로 확장될 양재 R&CD 클러스터 또한 함께 고려해볼 필요가 있다. 판교는 미래 먹거리와 관련 깊은 산업군이 대부분이라 IT산업 규모가 커질수록 소득도 비례해 큰 폭으로 오를 것이다. 또한 IT밸리인 만큼 30~40대 젊은 층이 70% 이상을 차지해 주변 지역의 아파트 선호 현상은 더 커질 것으로 기대된다. 베이비붐 세대 자녀의 상당수는 아파트에서 자라왔기 때문이다. 판교를 중심으로 동서남북에 위치한 지역들의 부동산 흐름을 수시로 체크해야 하는 이유다.

현재 판교 1밸리·2밸리 종사자 수를 합하면 약 11만 명이며, 앞으로 조성될 3밸리를 합하면 대략 15만 명에 이를 것으로 보인다. 약 15만

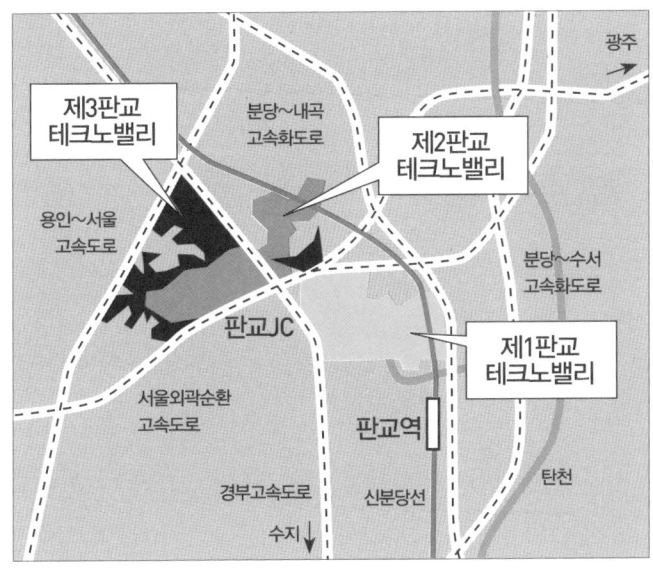

• 출처: 〈연합뉴스〉 성남 제3판교테크노밸리 조성 계획

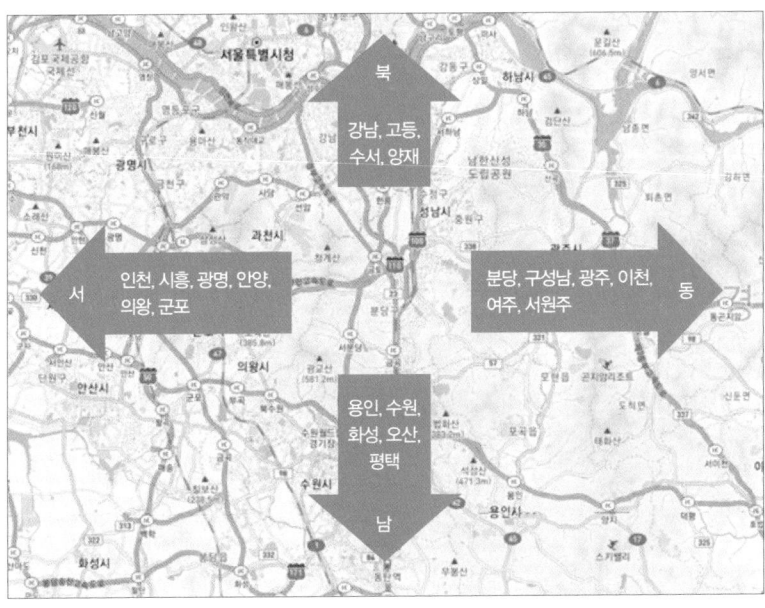

명의 젊은 세대가 판교 아파트에 입주하기란 사실상 어렵다. 따라서 판교와 동서남북으로 연결되는 교통망을 놓고 가로축·세로축에 위치한 지역들을 볼 필요가 있다. 먼저 세로축을 보면 남쪽에 위치한 판교로 내려오는 북쪽 수요보다는 경부고속도로와 신분당선을 따라 남쪽에 위치한 용인, 수원, 화성, 오산, 평택이 중요하다.

특히 용인플랫폼시티를 주목할 필요가 있는데 용인플랫폼시티는 GTX 기반의 교통허브, 경제자족, 친환경 도시를 목표로 하고 있다. 교통허브 구축을 위해 GTX, 분당선, 광역·고속버스를 연계 이용할 수 있는 복합환승센터 건설이 예정되어 있다. 또 경제자족도시 실현을 위해 첨단지식산업용지와 첨단제조산업용지 개발계획 등 상업·업무 타운도 들어설 예정이다.

용인플랫폼시티는 그 자체로 많은 일자리를 창출할 것이며, GTX 및 경부고속도로를 따라 세로축 연장선에서 강남 테헤란로와 판교테크노밸리의 신성장 고부가가치 기업들의 이전을 유도할 것으로 전망한다. 위에서 소개한 바와 같이 판교테크노밸리의 2019년 매출은 100조 원, 제1테크노밸리 기준 약 6만 명의 상근 고용을 창출했다는 것을 감안했을 때 판교와 시너지를 내는 훌륭한 경제자족도시가 될 것이다. 수도권 남부축을 더욱 유심히 봐야 하는 이유다.

가로축의 경우는 향후 착공될 월곶~판교선과 제2경인고속도로를 따라 서쪽은 인천부터 시흥, 광명, 안양, 의왕, 군포까지, 그리고 동쪽은 분당, 구 성남, 광주, 이천, 여주, 서원주까지, 경부축을 중심으로 창출되는 신규 일자리 수요를 받아내는 대표 지역으로 성장할 것으로 보인다.

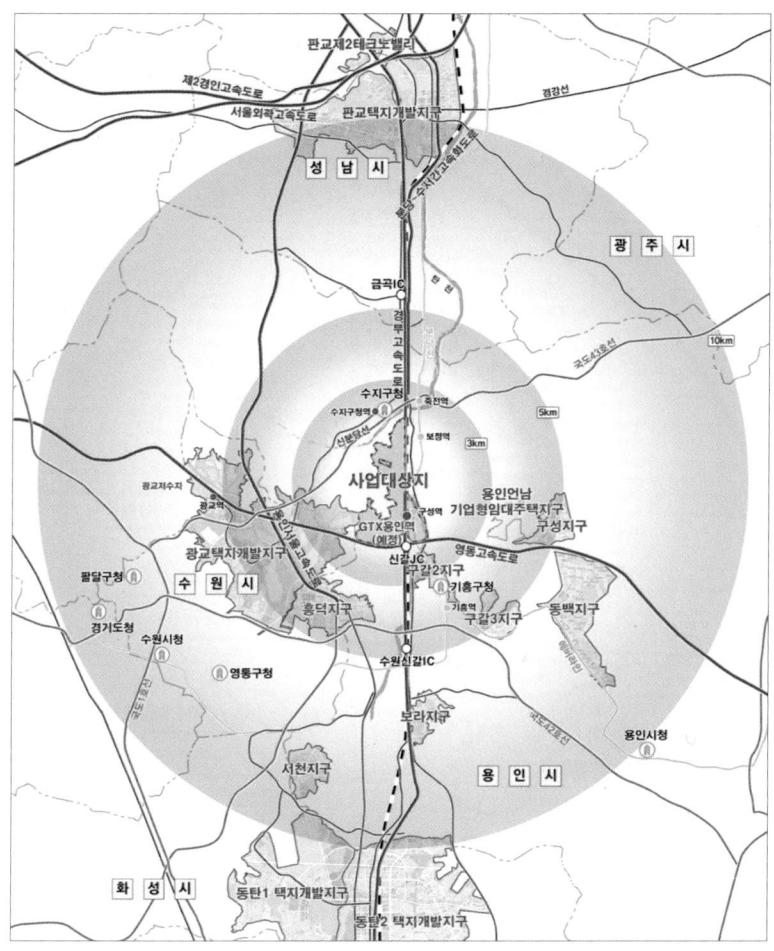

• 출처: 경기도청, 경기용인 플랫폼시티 위치도, 2021.01.05.

일부 자족도시 성격을 띄고 있는 지역도 있으나 미래 먹거리인 IT·바이오 기업이 다수 포진된 대표 지역과의 접근성 개선이 더욱 중요하게 작용할 것으로 전망한다.

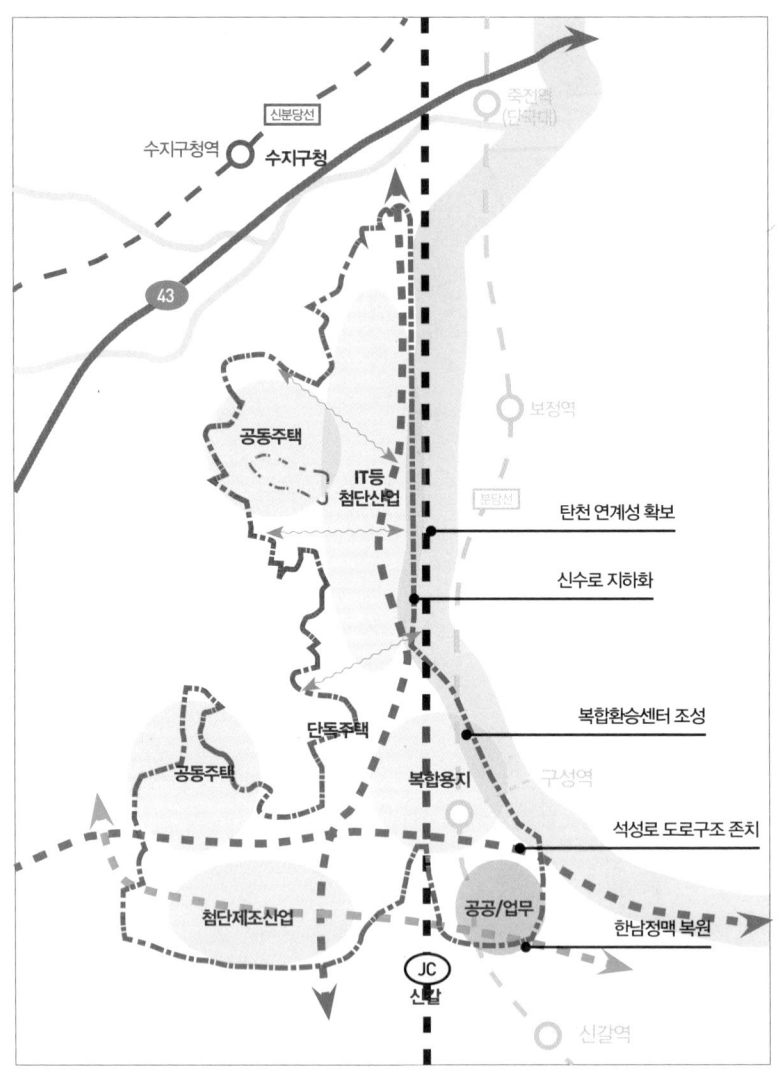

탄천 연계성 확보

신수로 지하화

복합환승센터 조성

석성로 도로구조 존치

한남정맥 복원

• 출처: 경기도청, 경기용인 플랫폼시티 위치도, 2021.01.05.

송도 바이오클러스터

인천시는 지난 2018년 송도국제도시 4·5공구 일원 92만 m^2에 조성된 바이오 단지를 현재 매립이 진행 중인 11공구까지 확장한다고 발표했다. 아래 빨간색 점으로 표기된 부분이 송도 11공구이며, 표기된 부분 하단에 원형 부분이 최근 확장하기로 발표한 구역으로 이 확장 단지를 포함한 보라색 표기 구역 전체를 송도 바이오클러스터로 공식 지정했다.

송도 바이오클러스터에는 한국을 넘어 세계를 대표하는 국내 시가 총액 상위 기업으로 바이오시밀러를 개발하고 생산하는 셀트리온과 세계 굴지의 바이오의약품 위탁생산 기업인 삼성바이오로직스, 그리고 삼성바이오로직스의 자회사인 바이오시밀러 생산기업 삼성바이오에피스

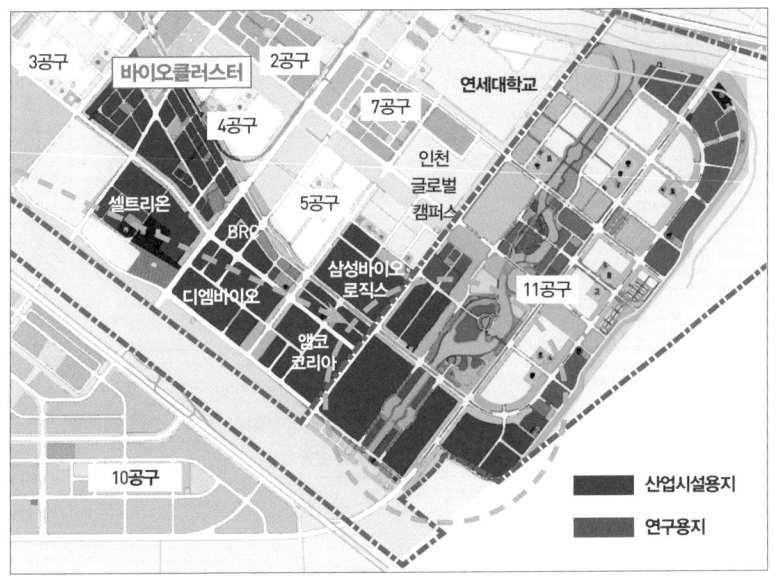

• 출처: 산업통상자원부, 송도 바이오클러스터 확장

송도 바이오클러스터 내 분야별 대표 입주기업

분야	입주기업
의약품 제조 (5개사)	· 셀트리온: 세계 최초 항체바이오시밀러 출시
	· 삼성바이오로직스: 세계 최대 바이오의약품 생산 역량 확보
	· 동아쏘시오그룹: 2단계 시설 건립 추진 중
	· 바이넥스: 의약품 위탁 생산
	· 얀센백신: 소아백신 제조
공정 지원 (6개사)	· 머크: 세포배양배지 제조·서비스
	· 머크 M.Lab협업센터: 바이오공정 기술지원
	· GE헬스케어: 바이오공정 트레이닝
	· 아지노모도제넥신: 세포배양배지 제조·서비스
	· 찰스리버코리아: 비임상시험 서비스
	· 생고뱅코리아: 바이오 Fluid System 제조
의료기기 (5개사)	· 올림푸스: 의료기기 트레이닝
	· BRC 송도 브레인밸리: 길병원 MRI 및 a-BNCT 기술 개발
	· 아이센스: 혈당기기 제조
	· 오스템임플란트: 의약·치과 의료기기 연구, 제조 및 교육
	· 케이디코퍼레이션: 의약품 분리기기 제조
연구·서비스 (6개 기관)	· 삼성바이오에피스: 국내 최다 바이오시밀러 제품 출시
	· 이원의료재단: 검사진단기법, 유전자분석 등 연구
	· 유타인하DDS연구소: 신의료기술 연구
	· 이길여암당뇨연구원: 암·당뇨 치료제 연구
	· 한국건설생활환경시험연구원: 비임상독성시험 서비스
	· 극지연구소: 극지생물 관련 기초·첨단 응용과학 연구
인재 양성·지원 (5개 기관)	· 연세대학교 국제캠퍼스: 약학대학
	· 인천대학교: 생명과학과, 분자의생명학과, 생명공학과, 나노바이오학과
	· 겐트대학교 글로벌캠퍼스: 분자생명공학과
	· IFEZ바이오분석지원센터: 바이오분석 관련 장비 활용, 위탁 분석, 인력 양성 등
	· IBITP: 스타트업 지원, 바이오장비 공동 활용 등

• 출처: 인천경제자유구역청 홈페이지

가 자리 잡고 있다. 현재 약 60여 개의 바이오기업들이 입주한 상태이며 정부 또한 송도를 대표 바이오 단지로 성장시키기 위해 2030년까지 입주기업 700곳, 고용규모 2만 명, 누적투자 15조 원, 연매출액 10조 원 달성을 위한 2030 목표와 비전을 수립한 상태다. 셀트리온과 삼성바이오로직스 모두 추가공장 설립을 발표하고 증설 중이며, 인천경제자유구역청에 따르면 송도 11공구 내 바이오단지 입주를 원하는 세계 바이오·제약 회사들의 문의가 줄을 잇고 있을 정도로 국내외 기업들의 부지 확보 경쟁은 현재 진행 중이다.

이렇듯 기업들의 입주 수요는 증가하고 있으나 11공구 아래 위치한 람사르 습지 보호 이슈가 부각되며 추가 간척지 매립이 어려운 상태이며, 이는 바이오클러스터 범위를 주변 지역까지 확장시키는 결과를 초래하고 있다.

실제 2021년 초 국토연구원이 발표한 서해안권 발전종합계획 변경안에 따르면 인천 송도 11공구 R&D부지와 경기 시흥시 배곧동 일원을 바이오 헬스산업 클러스터로 구축한다. 인천 송도의 경우 의료기기 글로벌 실증트레이닝센터, 바이오의약품 원부자재산업 전주기 성능평가센터, 바이오산업 공공유치 사업 등이 계획되어 있으며, 경기 시흥의 경우 의료 바이오헬스 복합연구단지 조성이, 시흥 배곧은 서울대병원과 연계한 보건의료서비스 및 헬스케어서비스 유치 사업이 계획되어 있다.

이와 더불어 2021년 7월 9일, 국가대표 바이오 창업기업 육성을 위한 K-바이오 랩허브 구축 후보지로 인천 송도가 선정되었다. 중소벤처기업부에 따르면 K-바이오 랩허브는 모더나를 배출한 것으로 유명한 미국 보스턴의 바이오 스타트업 지원 기관인 랩센트럴을 벤치마킹한 모델로 감염병 진단, 신약개발 등 고기술을 요구하는 바이오 창업기업이 실험·연구·임상·시제품 제작 등에 필요한 인프라, 창업지원 프로그램, 산업체·학교·연구소·병원의 협력 네트워크 등을 종합 지원하는 인프라 구축 프로젝트로 국비 약 2,500억 원이 투입될 예정이다. 2021년 하반기 예비타당성조사를 신청하고, 사업계획이 통과될 경우 2023~2024년 조성공사 진행 후 2025년부터 본격 운영되며, 7공구 연세대 캠퍼스 인근에 설립될 예정이다. 기존 11공구 R&D 부지와 연계하여 5공구, 7공구까지 범위가 확장되며 바이오단지로서 제 역할을 할 것으로 기대된다.

• 출처: 중소벤처기업부 홈페이지, 인천 송도 K-바이오 랩허브 예상 조감도

송도 바이오클러스터가 확장됨에 따라 송도국제도시를 넘어 안산 시화 멀티테크노밸리(시화 MTV), 화성 송산지구까지 서해안 축을 따라 바이오산업을 비롯한 다양한 연구 벨트가 들어서지 않을까 기대하고 있다. 아래 지도를 보자.

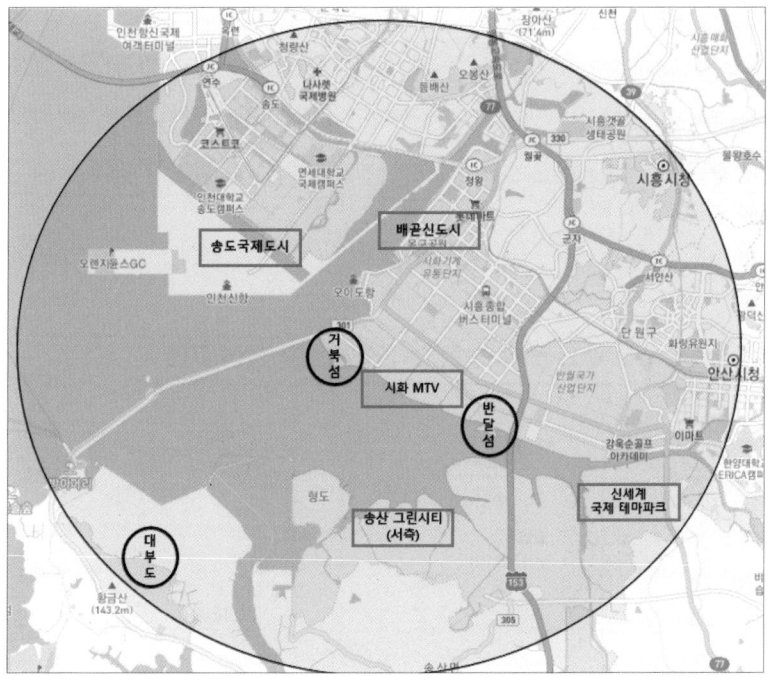

현재 시화 MTV는 공단 이미지가 강한 탓에 부정적으로 바라보는 사람들이 많은 것이 사실이다. 그러나 시화 MTV는 첨단·벤처 업종 등지식 기반산업을 중심으로 연구개발·유통 등의 지원기능을 할 것이며, 거북섬과 반달섬을 중심으로 관광·휴양의 여가기능이 조화된 미래지

향적 첨단복합단지로 거듭날 것으로 기대된다.

송산그린시티 서측 또한 지금은 풀만 무성하지만 앞으로 5년 내 큰 변화를 불러올 지역 중 하나가 될 것이다. 신세계그룹이 화성 국제테마파크 조성을 위해 약 8,669억 원을 투입해 한국수자원공사로부터 경기도 화성시 송산면 일원의 토지를 취득했으며, 앞으로 총 예산 4조 5,000억 원 가량을 투자하여 송산그린시티를 스마트·그린 관광도시로 육성할 계획이다. 유통사는 유통업 이전에 부동산업을 영위하는 사업체라 봐도 될 정도로 돈이 될 곳을 잘 보는 편이다. 그러한 유통사가 송산그린시티에 대규모의 자금을 투자한다는 것에 의미를 부여할 필요가 있다.

수도권 제2순환고속도로 인천~안산 구간

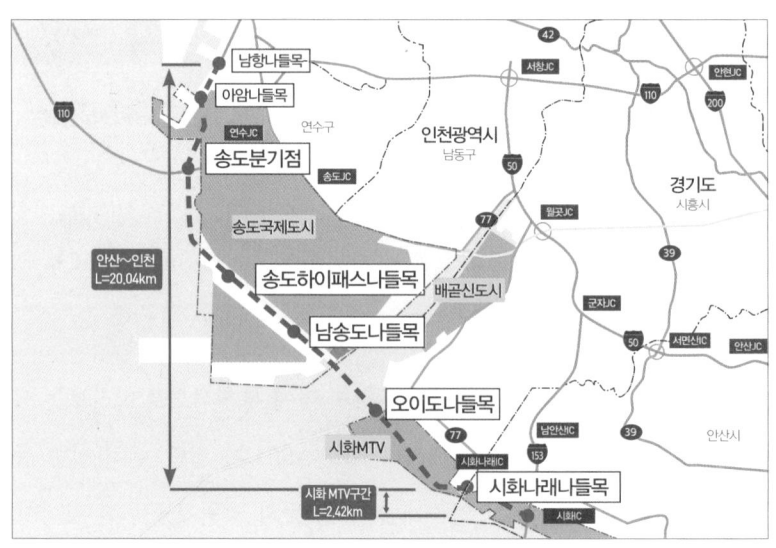

• 출처: 인천in

번외로 수도권 서해안 라인 주변으로 위락지구가 부족하다. 대부도는 과거 어른들의 휴양지에 불과하다. 요즘 세대는 서핑, 호캉스, 복합쇼핑센터에서 휴식을 취하길 원한다. 이런 관점에서 바라봐도 고소득 일자리가 몰리고 이들이 즐길 수 있는 수도권에 인접한 서해안 위락지구는 앞으로 각광받을 것이다. '송도국제도시~배곧신도시~시화 MTV 내 거북섬·반달섬~송산그린시티.' 이렇게 물이 안쪽으로 모이는 곳에 부의 기운도 모일 것이다. 왼쪽 지도의 수도권 서해안 라인도 유심히 지켜보자.

조금 더 나아가 수도권 가로축을 확장해 살펴보자

아래 지도를 보면 판교 IT밸리와 송도 바이오클라스터를 연결하는 주요 노선이 있다. 바로 월곶~판교선이다. 월곶~판교선은 국토를 동서로 잇는 동서철도망의 일부 구간으로 영동고속도로처럼 인천부터 강릉까지 달릴 수 있다. 송도역사의 경우 송도국제도시가 아닌 옥련동에 위치하지만 송도 바이오클러스터와 먼 거리는 아니며 원인재역에서 환승하면 바로 접근할 수 있다. 현재는 월곶판교선(월곶~판교)과 경강선 일부

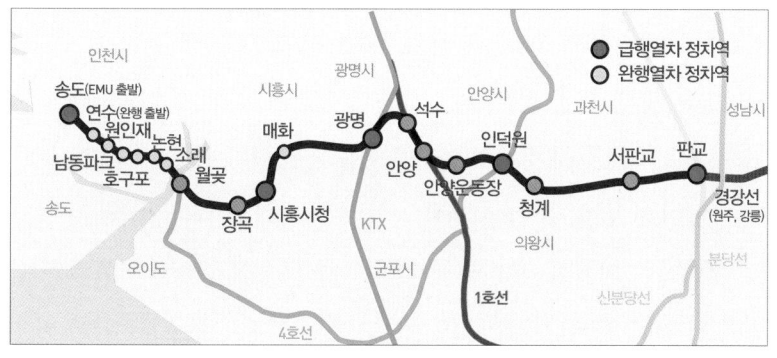

(여주~서원주) 미착공으로 동서가 단절된 상태이나 동서관통 노선은 국책사업인 만큼 무조건 될 수밖에 없는 노선이다. 개통까지 시간이 많이 남은 상태라 지금부터라도 대상 지역에 관심을 둘 필요가 있다.

동서라인이 연결된다는 것은 무엇을 의미하는 걸까? 희소성과 양극화에 투자를 할 수 있다는 것 아닐까? 동해의 일출, 서해의 일몰은 희소함 그 자체를 나타낸다. 앞으로 국내 소득수준이 꾸준히 증가하며 이들 지역을 찾는 수요도 비례하여 증가할 것으로 보인다.

동서고속화철도 노선도

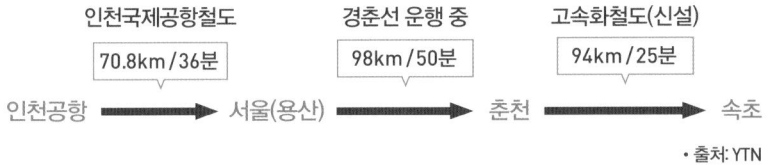

인천공항~속초: 1시간 51분
서울(용산)~속초: 1시간 15분

인천국제공항철도	경춘선 운행 중	고속화철도(신설)
70.8km / 36분	98km / 50분	94km / 25분

인천공항 ➡ 서울(용산) ➡ 춘천 ➡ 속초

• 출처: YTN

인천 송도역~강원 강릉역을 연결하는 동서철도망 이외에도 인천~용산~춘천~속초를 연결하는 동서고속화 노선도 있다.

용산은 남산~용산민족공원~한강시민공원을 따라 거대 녹지 축이 연결되며 도심 속 쉼터가 될 지역이다. 춘천은 도심과 가까운 거리에서 천혜의 자연을 누릴 수 있는 곳이다. 속초는 동해바다와 청초호수, 영랑호, 설악산이 위치한 대표 관광지이자 세컨하우스 수요를 받아내는 쉼터가 될 것이다. 바다와 맞닿은 강원도 속초·강릉이 앞으로 제2의 해운

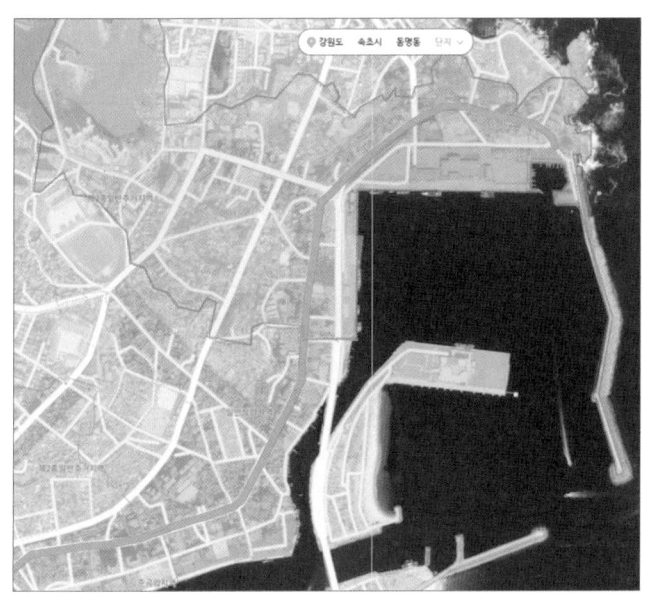

대가 될 가능성이 높지 않을까 조심스레 기대해본다.

실제로 위 그림에서 속초 동명동 수변 라인으로 고층 브랜드 주상복합들이 들어서고 있는 중이며, 또한 최근 발표한 제4차 국토교통망 발표 자료에 따르면 강릉은 경강선 연결뿐만 아니라 강호축(강릉~목포)과 동해선(제진~부산)까지 연결되며 전국 각지에서 이동이 편리한 동해 대표 관광지가 될 것으로 기대된다.

결론은 미래 먹거리가 집중된 지역은 꾸준한 매출 및 이익 증가가 이어지며 양질의 일자리를 창출할 것이다. 이는 해당 직원들의 소득 증가로 이어지며 주변 지역 부동산 가격의 하방을 지지하고, 조금 더 나아가 해당 업계 종사자들은 여가 및 휴식을 즐길 수 있는 대상지로 동해안을 더욱 빈번하게 찾을 것으로 기대된다.

강릉 연결 철도망 공사 추진 계획

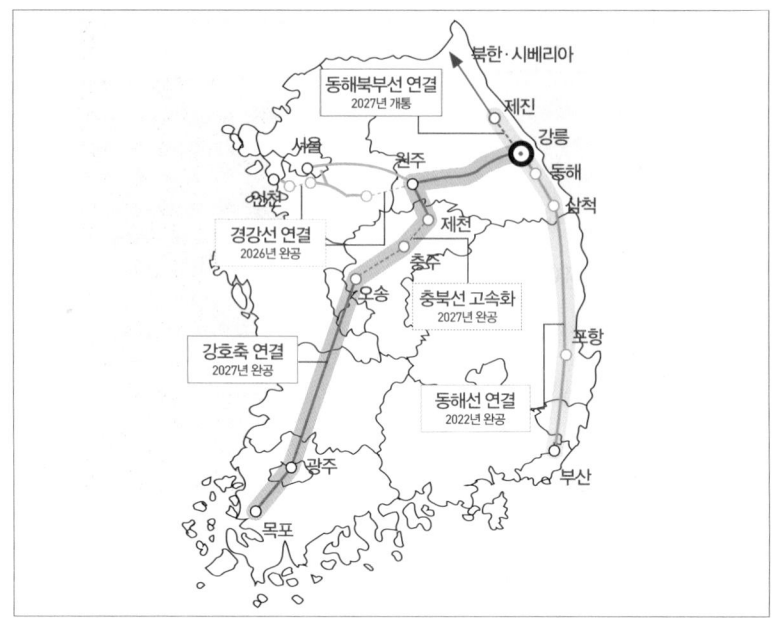

• 출처: 〈서울신문〉

부동산에서 하방 안정성이란 무엇인가?

하방 안정성이란 가격 하락을 방어하는 지지선으로 보유자의 심리와 매매가 대비 전세가율로 나눠서 볼 수 있다. 보유자의 심리는, 당장은 시세보다 낮은 가격에 거래가 될지라도 본인이 샀던 가격과 이전 최고가를 생생하게 기억하며 가격 하방을 지지하는 역할을 한다. 또한 아파트는 대부분 투자 수요보다 실거주 수요가 높으며 실수요자들은 본인이 매수한 가격이 시장 최고가에 이를 때까지 살면서 리스크를 헤지할 수 있는 체력을 쌓는다. 전세가율도 마찬가지다. 부동산 가격이 하락하면 보통은 2가지 포지션을 취하며 전세가를 높이는 결과를 낳는다. ① 좀 더 하락할 것이란 판단에 임대 기간을 연장하며 전세수요 증가로 전세 가격을 높이고 ② 지금이 바닥이라고 생각한 사람은 매수해 전세물량 을 줄이며 전세가를 높인다. 따라서 보유자도 2가지 측면에서 가격대를 지지하고, 무주택 잠재 수요자도 2가지 측면에서 가격 하방을 지지하는 것이다. 얼마만큼 벌겠다는 생각보다는 이렇듯 절대 잃지 않겠다는 생 각으로 자산의 하방 안정성을 고려한다면 좋은 성과를 얻을 수밖에 없 다. 하방은 막혀 있고 상방은 열려 있는 가운데 돈은 앞으로도 계속 풀 리고, 사람들의 소득수준도 꾸준히 증가할 테니 말이다.

도심의 허파, 용산

용산은 별개 입지로 봐야 한다. 용산은 강남·여의도·광화문 3대 업 무지구 가운데에 위치하며 풍수지리적으로 완벽한 배산임수 중앙에 위 치하고 있다. 부는 녹지를 중심으로 몰리는 법이나 우리가 지금까지 살 면서 용산민족공원과 같은 대규모 도심 공원을 접하지 못했기에 와닿 지 않을 뿐이다. 상상해본 적 없는 대규모 공원이 가시화되기 시작하면 그제야 많은 자금들이 밀려 들어올 가능성이 높다. 돈은 이슈가 있는 쪽 으로 흘러갈 수밖에 없고, 애초부터 좋은 자산에 다시 들어갈 수밖에 없 다. 용산의 미래상은 머릿속으로 그려야 한다. 눈을 감고 도심부 한가운 데 펼쳐진 청정공원의 모습을 주기적으로 상상해야 투자를 진행할 수 있다. 최근 국토교통부가 발표한 2021년 공동주택 공시가격에 따르면 한강 바로 앞에 위치한 더펜트하우스 청담(전용 407.71㎡)이 가장 비싼 공 동주택으로 선정되었으나 2006년부터 지난해까지 15년간 가장 비싼 공동주택은 서리풀 공원 담벼락과 맞닿은 트라움하우스5차(전용 273.64 m²)가 차지하곤 했다. 동일한 연식과 평형, 그리고 상품성을 놓고 비교한다면 다른 결과가 나올 수도 있다고 본다.

GDP 관점에서 바라보면 시간이 지나고 소득수준이 높아질수록 한강보다는 녹지와 공원을 찾는 수요가 늘어날 것으로 본다. 1인당 GDP 3만 달러의 눈으로 우리나라 사람을 바라보기보다는 5만 달러를 초과한 다른 선진 국가의 눈으로 3만 달러 국가인 우리나라를 바라본다면 말이다. 노후도에 따른 개발 압력이 더해지며 대지가격이 올라가고 이에 따라 사업성이 좋아지는 용산에 오래된 빌라를 매수해서 내 취향에

2021년 공시가격(안) 상위 공동주택

순위	소재지	단지명	주택 유형	전용 면적	공시가격 2020	공시가격 2021(안)
1	서울 강남 청담	더펜트하우스청담	아파트	407.71	–	163억 2,000만
2	서울 서초 서초	트라움하우스5	연립	273.64	69억 9,200만	72억 9,800만
3	서울 강남 청담	효성빌라 청담101(A동)	아파트	247.03	58억 4,000만	70억 6,400만
4	서울 강남 삼성	상지리츠빌 카일룸	아파트	273.14	62억 7,200만	70억 3,900만
5	서울 강남 도곡	상지리츠빌 카일룸	아파트	214.95	62억 4,800만	70억 1,100만
6	서울 용산 한남	한남더힐	아파트	244.78	65억 6,800만	70억 100만
7	서울 성동 성수	아크로 서울포레스트	아파트	273.93	–	67억 9,800만
8	서울 용산 한남	파르크 한남	아파트	268.95	–	67억 5,600만
9	서울 강남 삼성	아이파크	아파트	269.41	65억 6,000만	67억 2,400만
10	서울 강남 청담	마크힐스이스트윙	아파트	272.81	64억 7,200만	66억 9,900만

• 단위: ㎡, 원
• 출처: 국토교통부

맞게 수리해 거주하는 것도 내 집 마련의 대안이 될 수 있다. 또한 내 집 마련을 떠나서 코로나19로 상권이 휘청거리며 일부 시장에 나오는 상가 물건도 괜찮은 투자상품이 될 수 있다. 용산민족공원을 기준으로 왼쪽은 업무타운, 오른쪽은 위락·주거 특화 상권이 될 확률이 높기 때문이다. 실제 일부 투자자들은 거미줄 가득한 반지하 물건도 대지지분이 많다는 이유로 땅을 사듯이 모아가고 있으며, 저렴하게 나온 상가 물건을 매수하여 실제 운영을 하거나 임대를 주며 시간에 투자하고 있다.

국가 지정 신도시 시범단지

미래 시장 파이가 커질 것으로 판단이 되는 IT·바이오 같은 업종이 있다고 하자. 그럼 해당 업종 내 1등 기업이 가장 큰 시장 파이를 가져가는 법이다. 부동산도 마찬가지다. 어떤 신도시가 앞으로 유망하다는 판단이 선다면 그 신도시 내 1등 부동산을 사면 되는 것이다. 신도시 1등 입지는 언제나 그랬듯 시범단지다. 시범단지는 신도시 초기 분양하는 단지로 교통, 학군, 편의시설 미비로 초반에 불편한 부분이 있지만, 그만큼 좋은 입지에 위치한 아파트를 좋은 가격대로 매수할 기회를 주곤 한다. 또한 시차를 두고 분양을 지속하는데 분양이 늦을수록 토지 매입가와 건축비 등 원가가 상승하고, 앞서 분양한 단지들이 하나둘 자리를 잡으며 시장 프리미엄 또한 높아질 수밖에 없다. 따라서 최초 분양 +A급 입지에 위치한 신도시 시범단지가 가장 큰 수혜를 보는 법이다.

2기 신도시 일부 지역의 초기 분양 및 입주를 지켜보며 많은 생각을 하곤 했다. '신도시 불패신화', 그리고 그중 시범단지가 가장 좋다는 것을 알면서도 ① 초기 프리미엄을 받고 타인에게 매도하거나 ② 입지보

동탄2신도시 시범단지 아파트 매매가 추이(2015년~2021년)

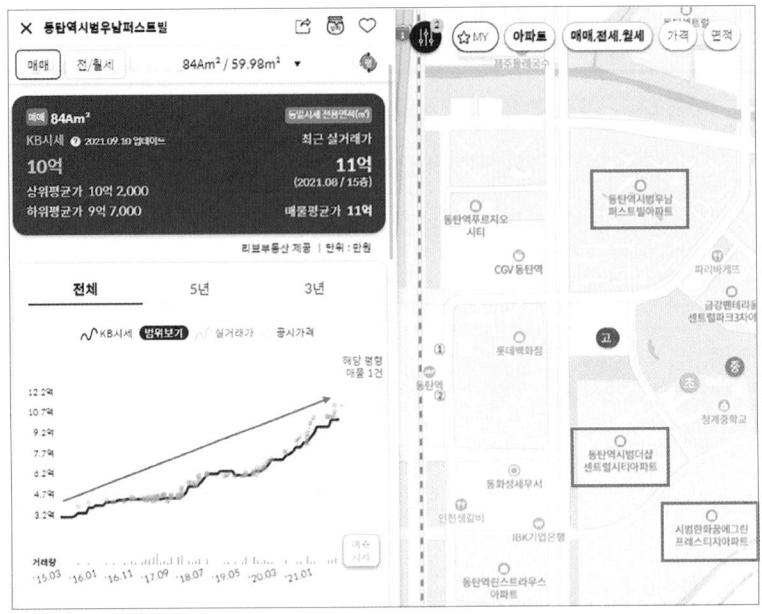

• 출처: KB국민은행 리브부동산

다 상품성을 내세운 고가 분양단지에 관심을 갖거나 ③ 입주 기간 전월세가 출렁이고, 입주 후에도 교통이 미흡하다는 이슈로 조정을 받을 때흔들리는 사람들이 많이 보였기 때문이다.

나도 크게 다를 게 없었다. 2017년 당시 지인들과 수시로 동탄2신도시 탐방을 다녔음에도 끝까지 기회를 잡지 못했기 때문이다. 당시 시범단지를 지나가면서도 후방에 새롭게 지어지는 신축 단지와 분양권만 봤으니 말이다. 동탄2신도시 시범단지인 우남, 포스코, 한화(줄여서 우.포.한)의 전용면적 59m^2 시세는 2017년 3억 원 후반에서 최근 11억 원에 매도되었

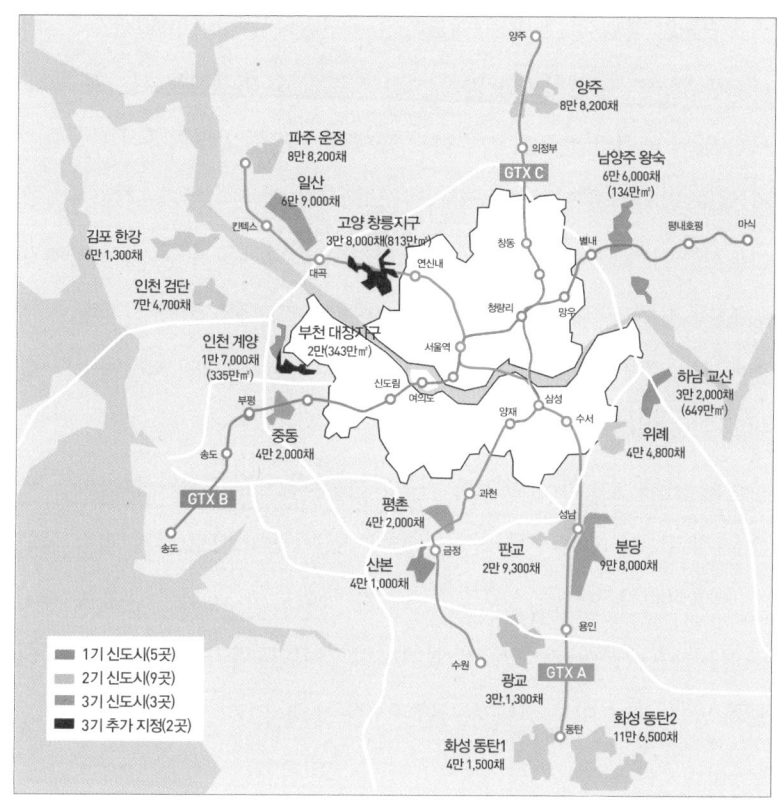

• 출처: 국토교통부

다. 답을 알아도 기준값이 흔들리면 기회를 놓치는 만큼 항상 기준값을 상위에 놓고 판단해야 하는 이유이기도 하다.

복기한 값을 실제 투자로 옮겼다. 위는 수도권 1기, 2기 신도시 현황 및 3기 신도시 예정지 현황이다. 현재 시점에서 추가로 고려해야 하는 상황은 무엇이 있을까? 1기 신도시 노후화 이슈와 2기 신도시 교통 문제가 지속적으로 불거지고 있다는 점, 그리고 3기 신도시 토지 보상 관련 소유주들의 불만이 그 어느 때보다 고조되었다는 점이 아닐까? 즉 3기 신도시 입주까지 생각보다 많은 시간이 걸릴 수 있겠다는 판단을 했다. 그럼 앞서 얘기한 신도시 시범단지 불패라는 기준값과 더불어 3기 신도시 입주 전까지 분양이 한창인 검단신도시와 입주 마무리 단계인 옥정신도시는 수도권 신도시 새 아파트라는 프리미엄을 오랜 기간 가져갈 수 있지 않을까? 이런 판단 하에 2020년 초 검단신도시를 선택했고 그중에서도 해당 파이를 가장 크게 가져갈 수 있는 역세권 시범단지를 선택할 수 있었다.

장화 신고 들어가서 아이를 키운다는 생각으로 도시가 발전하는 모습을 지켜보다 훗날 구두 신고 나올 수 있는 곳이 바로 국가 지정 신도시 시범단지다. 앞으로 3기, 4기, 5기가 나와도 이 공식은 유효할 것이다. 그러나 시간이 지나면 또 잊어버릴 것이다. 따라서 기준값을 절대 잊지 말자. 국가 지정 신도시 시범단지는 불패다.

2. 상품

신축 아파트가 트렌드인 만큼 신축 가격대가 많이 올라온 상황에서 앞으로 신축 또는 신축이 될 가능성이 높은 연식의 아파트를 유심히 볼 필요가 있다. 15층 이하 중층 구축 아파트는 리모델링을, 5층 이하 저층 구축 아파트의 경우 재건축을 염두에 두고 접근하는 것이 좋다.

수도권 리모델링 이슈가 있는 물건

서울·수도권 중층 아파트들의 리모델링 추진이 한창이다. 재건축 추

구분	리모델링	재건축
허가연한	준공 15년 이후	준공 30년 이후
안전진단 통과기준	B등급 이상	D등급 이상(조건부)
초과이익환수	없음	적용
조합원 지위승계(매매)	없음	조합설립인가 이후 제한적
소형주택 의무비율	없음	증가용적률의 50% 건립
임대주택 건설	없음	선택사항
일반분양	총 세대수의 약 15% 이하	용적률 한도 세대수 증가 가능분
(평균) 소요시간	평균 4~5년	평균 8~10년
용적률	제한 없음(지구단위구역 제외)	법적 상한 용적률 이내
용적률 인센티브	15층 이상: 최대 3개층 15층 미만: 최대 2개층	임대주택, 기부체납 비율 등 고려하여 산정

• 출처: 국토교통부 공동주택 리모델링 개요 및 절차, KB부동산 리브온 정리

진 대비 유리한 점이 많기 때문인데 우선 위의 비교표를 보자.

리모델링의 경우 재건축 대비 허가 연한이 15년으로 절반이며, 조합 설립 후 안전 진단 B등급만 받으면 빠른 이주로 사업 추진을 앞당길 수 있다. 15층 이상 아파트의 경우 최대 3개 층, 14층 이하 아파트는 최대 2개 층을 증축할 수 있으며 재건축 초과이익환수제, 조합원 지위승계, 소형 주택 의무비율, 임대주택 의무건설 등 규제와 큰 충돌 없이 조합의 수익을 극대화할 수 있다. 또한 인허가 물량이 줄어드는 현 시점에서 건설사의 이해관계가 맞아떨어지는 사업모델로 부상하고 있다. 2023년이 되면 수도권 아파트의 약 90%가 15년 이상돼 리모델링 추진이 가능한 연한에 들어오며, 한국건설산업연구원의 '건축물 리모델링 시장의 전망과 정책과제' 보고서에 따르면 2030년까지 리모델링 시장 규모가 44조 원까지 확대될 것으로 전망되는 만큼 중층 단지의 경우 리모델링 가능성

을 열어 두고 접근할 필요가 있다.

리모델링을 추진하는 단지들의 특징을 알아보자.

① 지자체의 의지가 확고하다

리모델링 조합을 설립해서 지차체에 제출만 하면 안전진단 통과까지 무난한 지역들이 있다. 이들 지역은 타 지역보다 리모델링 추진에 있어 힘을 받을 수밖에 없다. 아직 많은 지자체들이 리모델링에 적극적이지 않다. 리모델링 사업은 해당 지역의 일시적인 전세가 상승을 불러올 수 있기 때문이다. 그럼에도 1기 신도시 및 용인, 수원 일부 지역의 경우 지자체의 리모델링 사업 추진 의지가 높다.

② 영구 임대세대가 없다

생각보다 이를 무시하고 리모델링 추진을 한다고 매수하는 이들이 많다. 영구 임대세대가 혼합된 단지는 임대 거주 중인 사람들의 다음 임대 공간을 마련해주어야 하는 만큼 진행이 어렵다고 봐야 한다. 개별 세대라면 이사비를 주고 강제집행이 가능하겠지만 영구임대는 반대하면 사실상 답이 없기 때문이다.

③ 무엇보다 입지가 중요하다

구축단지들이 A급 입지를 이미 차지하고 있는 바람에 B급 입지에 신축이라는 강점을 더해 분양 및 입주를 한 단지들이 많다. 신축이기 때문에 현재 대중의 관심을 많이 받았다면, 시간이 지날수록 대중의 관심에서 멀어질 확률이 높다. 반대로 입지가 좋은 구축단지들은 신축으로 탈바꿈할 수 있다는 기대감으로 대중의 관심을 더 많이 받게 될 것이다. 역세권, 환경 쾌적성, 학군, 편의시설, 상권 등 여러 면에서 입지적으로 우위에 있는 단지들을 주목하자.

④ 주변 신축 단지와 가격 차이가 큰 단지

재건축 초과이익환수나 임대 물량 배정, 기부채납 이슈가 없음에도 리모델링은 추가 세대 확보가 재건축 대비 열위에 있는 만큼 기본적으로 약 1억 5천만 원~2억 원이라는 추가 분담금을 내야 한다. 최대 2억 원 분담금을 고려했을 때 현재 추진단지와 인근 신축단지의 가격 차이가 2배 이상 벌어져야 조합의 수익을 극대화할 수 있다. 따라서 현재 구축단지 시세에 추가 분담금을 더한 금액과 해당 지역의 대장 단지 시세를 비교해 리모델링 사업의 수익성을 미리 계산해볼 필요가 있다.

A단지: 20년 이상 된 25평 구축 아파트
B단지: 준공한 지 3년 된 25평 준신축 아파트

현재 A단지의 시세는 3억 원, B단지의 시세는 10억 원이라면 A단지에 추가 분담금 2억 원을 더하면 5억 원이 된다. 입지 면에서 A단지가 B단지보다 뛰어나다면 A단지에 투자를 하지 않을 이유가 없다. B단지는 A단지가 리모델링을 통해 신축으로 거듭날 준비를 하는 동안에도 한 살 두 살 나이를 먹어가고 있으니 말이다.

⑤ 다양한 평형이 혼재된 단지보다 전용 59㎡ 중소형 단지

현재 보유 중인 물건 중 리모델링을 추진하는 2개의 아파트 모두 전용 $59\,m^2$가 80%를 차지하고 있다. 실제로 리모델링을 추진하는 단지들 중에 중대형 평형이 혼재된 단지를 찾아보기 어렵다.

⑥ 세대의 절반이 30~40대 젊은 세대

5번과 동일선상에서 바라볼 필요가 있다. 전용 $59\,m^2$의 주요 세대층은 30~40대인 경우가 많은데 이들 세대가 현재 리모델링 사업을 주도하는 수요층이라 봐도 무방하다. 아파트라는 주거 형태에 익숙한 세대이자 신축 아파트에 거주하고자 하는 열망이 굉장히 높은 세대이기 때문이다. 최근 신축 아파트를 중심으로 가격 상승폭이 확대되며 이들 수요를 잠시 차단했을 뿐이다. 그만큼 리모델링 사업에 적극적이며 실제로 조합 동의서 취합 및 기타 추진 속도만 보더라도 속도감이 남다르다.

문제는 내력벽 철거다. 내력벽이란 건물의 골조가 되는 기둥으로 건축법상 함부로 철거할 수 없다. 붕괴의 위험이 있기 때문이다. 현재 리모델링 추진에 가장 큰 걸림돌은 내력벽 철거 허용 여부이며, 아직 확실히 결정된 건이 없는 게 사실이다. 그러나 이는 시기의 문제이지 허가, 불가의 문제는 아니다. 앞서 얘기한 것처럼 앞으로 2~3년 후 수도권 아파트의 90% 이상이 15년 차가 되기 때문이다. 재건축·재개발처럼 건설사 수익성이 큰 것은 아닌 만큼 내력벽 철거 이슈만 해결된다면 건설사들도 박리다매식 수주 확보에 박차를 가할 것으로 보인다.

건설사, 세대주 그리고 지자체의 이해관계가 일치하는 지역의 대표 단지부터 시작하여 리모델링 추진 속도는 더 빨라질 것이다. 조금 더 쉽게 가고자 한다면 리모델링 추진 이슈가 전혀 없는 단지보다는 이미 한발 내딛은 단지를 보자. 시작 단계인 만큼 단계별로 자산 상승이 이루어질 것이다.

수도권 리모델링 추진 단지 현황

뒤의 표는 2021년 3월 말 기준 수도권 리모델링 추진 중인 단지들의 현황이다. 해당 단지들의 주소를 입력하여 입지를 확인해보자. 입지가 사업성을 만든다는 말이 무슨 말인지 이해할 수 있을 것이다. 연식과 세대수는 생각보다 리모델링 추진에 큰 영향을 주지 못하는 모습이며, 오히려 건설사와 조합의 의지가 추진 속도에 힘을 실어주는 모습이다. 재건축·재개발 규제가 연일 이어지는 가운데 수도권을 넘어 리모델링 추진 단지는 전국적으로 크게 늘어날 것으로 전망한다.

시군구		단지명	주소	준공연도	세대수
서울	강남구	개포 대청	서울 강남구 개포동 13-3	1992	822
		개포 대치2단지	서울 강남구 개포동 12	1992	1,758
		개포 우성9차	서울 강남구 개포동 651-1	1991	232
		대치 현대1차	서울 강남구 대치동 992	1990	120
		청담 건영	서울 강남구 청담동 108	1994	240
	강동구	길동 우성2차	서울 강동구 길동 400	1994	811
		둔촌 프라자	서울 강동구 둔촌동 603	1984	354
		둔촌 현대1차	서울 강동구 둔촌동 30-4	1984	498
		둔촌 현대2차	서울 강동구 둔촌동 70-5	1988	196
		둔촌 현대3차	서울 강동구 둔촌동 135-1	1988	160
		고덕 아남	서울 강동구 고덕동 486	1996	807
	강서구	등촌 부영	서울 강동구 등촌동 691-3	1994	712
	광진구	광장 상록타워	서울 광진구 광장동 570	1997	200
		자양 우성1차	서울 광진구 자양동 579	1988	656
	구로구	신도림 우성1차	서울 구로구 신도림동 312-17	1992	169
		신도림 우성2차	서울 구로구 신도림동 639	1996	239
		신도림 우성3차	서울 구로구 신도림동 637	1993	284
		신도림 우성5차	서울 구로구 신도림동 638	1994	154
	동대문구	신답 극동	서울시 동대문구 답십리동 464-1	1987	225
	마포구	마포 밤섬현대	서울시 마포구 현석동 220	1999	219
		마포 신정서강GS	서울시 마포구 신정동 30	1999	538
	서초구	잠원 롯데캐슬 갤럭시1차	서울시 서초구 잠원동 50	2002	256
		잠원 미주파스텔	서울시 서초구 잠원동 54	2002	91
		잠원 한신로얄	서울시 서초구 잠원동 63-34	1992	208
		잠원 훼미리	서울시 서초구 잠원동 51	1992	288
		잠원 동아	서울시 서초구 잠원동 157	2002	991
	성동구	금호 벽산	서울시 성동구 금호동1가 633	2001	1,707
		옥수 극동	서울시 성동구 옥수동 428	1986	900
		응봉 신동아	서울시 성동구 응봉동 275	1996	434
	송파구	문정 건영	서울시 송파구 문정동 72-3	1993	545
		문정 시영	서울시 송파구 문정동 145	1989	1,316
		송파 삼전현대	서울시 송파구 삼전동 39	1989	120
		송파 성지	서울시 송파구 송파동 171	1992	298
		오금 아남	서울시 송파구 오금동 67	1992	299
		가락쌍용1차	서울시 송파구 가락동 140	1997	2,054
		강변 현대	서울시 송파구 풍납동 299-1	1991	104
	양천구	목동 우성2차	서울시 양천구 신정동 337	2000	1,140
		신정 쌍용	서울시 양천구 신정동 334	1992	270
	용산구	이촌동 현대	서울시 용산구 이촌동 301-160	1974	653
	중구	남산타운	서울시 중구 신당동 844	2002	5,150

시군구		단지명	주소	준공연도	세대수
경기	광명시	광명 철산한신	경기도 광명시 철산동 367	1992	1,568
	군포시	산본 율곡주공3	경기도 군포시 금정동 876	1994	2,042
		산본7단지 우륵	경기도 군포시 산본동 1146-11	1994	1,312
		산본13단지 개나리	경기도 군포시 산본동 1066	1995	1,778
	성남시	분당 경남, 선경	경기도 성남시 분당구 정자동 29	1995	200
		분당 느티마을3단지	경기도 성남시 분당구 정자동 88	1994	770
		분당 느티마을4단지	경기도 성남시 분당구 정자동 90	1994	1,006
		분당 매화1단지	경기도 성남시 야탑동 201	1995	562
		분당 매화2단지	경기도 성남시 야탑동 215	1995	1,185
		분당 무지개4단지	경기도 성남시 분당구 구미동 220	1995	562
		분당 한솔주공5단지	경기도 성남시 분당구 정자동 112	1994	1,156
	수원시	수원 신성신안쌍용진흥	경기도 수원시 영통구 영통동 963-2	1997	1,616
		수원 영통삼성태영	경기도 수원시 영통구 영통동 969-1	1997	832
		영통 신나무실6단지 동보 신명	경기도 수원시 영통구 영통동 968	1997	836
		영통 신나무실5단지 주공	경기도 수원시 영통구 영통동 964-5	1997	1,504
		권선 삼천리2차	경기도 수원시 권선구 권선동 1238	1996	546
		매탄 동남	경기도 수원시 영통구 매탄동 810-2	1989	892
	용인시	수지 도담마을7	경기도 용인시 수지구 죽전동 414	1999	430
		수지 보원	경기도 용인시 수지구 풍덕천동 692	1994	619
		수지 삼익, 풍림, 동아	경기도 용인시 수지구 풍덕천동 664	1994	1,620
		수지 성복역 리버파크(동보2)	경기도 용인시 수지구 상현동 1	1998	702
		수지 신정마을8단지	경기도 용인시 수지구 풍덕천동 1112	1999	1,239
		수지 신정마을9단지	경기도 용인시 수지구 풍덕천동 1104	2000	812
		수지 풍덕천현대	경기도 용인시 수지구 풍덕천동 700-1	1994	1,168
		수지 동부	경기도 용인시 수지구 풍덕천동 691	1995	612
		수지 한국	경기도 용인시 수지구 풍덕천동 699	1995	416
		광교 상현마을 현대	경기도 용인시 수지구 상현동 853	2001	498
	안양시	평촌 목련2차	경기도 안양시 동안구 호계동 1052	1992	994
		평촌 목련3차	경기도 안양시 동안구 호계동 1052-3	1992	902
		평촌 초원세경	경기도 안양시 동안구 평촌동 896-2	1996	709

지방: 구축 저층 주공 VS. 신축

잇따른 규제 정책으로 인해 공급 물량은 급감하고 시장 참여자들이 규제를 학습하면서 시장을 바라보는 수준도 한층 높아졌다. 그리고 서울의 경우 규제로 인해 투자자 진입이 어려운 게 사실이다. 작년 코로나19 사태로 예상치 못한 수준의 돈이 전 세계적으로 풀리면서 유동성이 주택 시장에 큰 변수로 작용하고 있고 풀린 돈은 언제나 시차를 두고 자산 가격을 올리기 때문에 과거와 달리 한 번 더 전체 부동산시장을 올려놓을 것으로 보인다. 당분간은 사이클상 지방 시장이 오르는 것은 물론이고 서울·수도권까지 함께 오르는 장이 지속될 것으로 판단한다.

문제는 서울·수도권은 현재 실수요자 중심으로 돌아가는 시장이며 투자의 관점에서 바라보면 투입 금액 대비 수익률이 낮기 때문에 서울 수도권을 선택하기가 쉽지 않다. 계산기를 아무리 두들겨도 답이 나오지 않기에 투자자라면 서울·수도권보다 지방 시장을 봐야 한다고 블로그 채널을 통해 작년부터 얘기한 이유이기도 하다.

나는 2020년 하반기부터 공시가 1억 원 이하의 지방 저층 주공단지에 투자를 이어가고 있다. 작년 하반기 공시가 1억 원 이하는 조세특례제한법에 의거하여 취득세 중과에서 제외되었고, 주택 소유와 무관하게 1.1% 동일 취득세율이 적용되기 때문이다. 양도세 혜택도 있다. 공시가 1억 원 이하 주택이 서울, 수도권, 광역시, 세종시에 위치하지 않는 이상, 양도가 3억 원 이하까지는 2년 이상 보유 시 양도세 중과 없이 일반과세로 처분도 가능하다. 계산기를 두들겨보면 유동성 장세에서 시장 참여자들이 움직일 곳은 어느 정도 정해져 있다. 최근 1년간 공시가 1억 원 이하 상품에 투자자가 몰리며 매매가가 한 단계 상승한 이유다.

당시 투자 아이디어는, 노후도가 심해 상품가치가 없는 아파트일지라도 해당 아파트가 깔고 있는 대지가격은 매년 꾸준히 오르고 있다는 것과 주변 재건축 사례가 있는 지역 내 핵심 단지를 선택하고 단지 내에서 가장 좋은 매물로 만들어 임대를 통해 투자금을 최소화하면 나쁘지 않겠다는 판단에서 시작되었다. 괜찮은 지역의 자투리땅을 그냥 살 수는 없는 만큼 ① 건물을 이용하고 ② 대출을 이용하고 ③ 임대보증금을 이용하여 앞으로도 꾸준히 오를 토지 그리고 그 토지 위에 향후 새로 건설될 아파트를 떠올리며 여기저기 씨를 뿌리는 작업을 한 것이다.

'지방에 위치한 오래된 저층 주공 아파트는 재개발·재건축까지 굉장히 오래 걸리지 않나?'라고 질문할 수 있다. 그러나 애초부터 어떤 기준을 가지고 접근했는가에 따라 답은 달라질 수 있다. 처음부터 그런 기대는 갖지 말고 대지지분 비중과 대지가격의 연평균 상승률이 높은 단지를 선택해 재건축 추진 여부와 무관하게 우선 버티는 구조를 만들어야 한다. 재건축·재개발 이슈는 말 그대로 덤일 뿐이다. 생각하지도 않은 특별한 이슈 말이다. 단순히 '입지가 좋은 저층 주공은 개발될 가능성이 높다'는 전제만을 가지고 오랜 기간 해당 물건을 보유할 수 있도록 자신만의 세팅 값을 만들어가야 한다. 세팅 값이란 애초부터 싸게 사거나 최소 비용을 투입하여 매수하고, 시간이 지남에 따라 하나둘 전세를 월세로 바꾸어 장기간 버틸 수 있는 구조를 임의적으로 만드는 것이다.

해당 테마는 당분간 지속될 것이고, 입지 선별만 잘하면 지금도 기회가 있다. 다만, 1년 전보다 투자 비용이 커진 것은 감안하고 시장에 참여해야 한다. 현재는 대지지분이 높은 저층 주공에 투자하는 비용과 지방의 신축 분양권에 투자하는 비용이 비슷해졌다. 즉 2021년 하반기를 놓고 보면 후자가 낫다는 판단이다. 지방 시장에서 '브랜드+대단지+신축'이 앞으로 희소성을 가질 확률이 높은 만큼 이런 분양권들을 잘 찾아볼 필요가 있다.

2021년 분양한 아파트 분양권이 3~4년 뒤 준공하면 약 2024~2025년에 1년 연식을 가진 아파트가 된다. 현재 기준으로 5~6년 차 아파트와 이들 분양권의 가격 차이가 크지 않지만 연식이 더 쌓이며 이 차이는 더 커질 수 있다. 2021년 기준 5~6년 차 아파트가 3~4년이 지나면 9~10년 연식을 가진 구축 물건으로 인식되기 때문이다. 쉽게 표현하면, 우리가 지금 살고 싶다고 하는 2020년에 입주한 브랜드 대단지 신축 아파트와 이제는 한물갔다며 손사래를 치는 2010년 입주한 아파트를 비교하면 이해가 쉬울 것이다. 그동안 시세 흐름이 좋지 않았던 지역의 분양권을 계약금 10%만 내고, 국가가 허용한 세대당 중도금 2건을 잘 활용하여, 나머지 90%를 레버리지 태워 전체 총자산 볼륨을 3~4년 더 가져가보는 건 어떨까? 지금처럼 인플레 우려가 만연한 시기에 훌륭한 인플레이션 헤지 방법이자 앞서 얘기한 최소 비용·최대 효과를 낼 수 있는 방법이다.

지방 광역시 이하 도시일수록 기본적인 것들이 더욱 중요하게 작용한다. 따라서 학군지나 KTX역과의 거리도 체크해볼 필요가 있다. 특히 지방은 KTX 역세권을 중심으로 개발이 이루어지고 시장이 재편될 확률이 높은 만큼 KTX 인접성을 중점으로 보자. 현재는 상상하기 어려울 것이다. 그러나 앞으로 이들 KTX 역사는 수도권과의 거리를 좁히고, 각 지역의 관광지들끼리 연결되며 상호 시너지를 가져다줄 것이다. 예를 들어 수도권과 강원도 강릉, 속초 등이 KTX로 연결되고 더 나아가 동해선을 통해 경상북도 포항, 부산광역시까지 'ㄱ'자 배열로 묶이는 식으로 말이다.

더 나아가 업황 개선으로 지역 경제 활성화가 기대되는 곳을 유심히 볼 필요가 있다. 코로나19 이후 조선업, 철강업이 반등하며 이들 업을 주로 하는 거제·군산·울산·포항 쪽 경기가 좋아지고 있다. 수도권 부동산시장이 우상향 그래프를 그릴 때 반대로 우하향을 그렸던 지역이었던 만큼 대중의 관심에서 멀어졌고, 건설사 또한 적극적으로 분양을 하지 않은 지역이기도 하다. 일자리·소득 증가에 비례해 브랜드 대단지 신축, 중대형 평형을 원하는 수요도 함께 증가할 것이다.

주택 외 상품

전 세계적인 유동성 장세에서 한쪽에 규제를 하면 거대 유동성은 다른 쪽으로 이동할 수밖에 없다. 현재 비주택 상품인 생활형 숙박시설, 오피스텔, 지식산업센터 등으로 자금이 이동 중이며 앞으로 해당 상품에 신규 규제가 나오기 전까지는 풍선효과가 지속될 것으로 보인다. 부동산투자의 본질은 해당 부동산이 위치한 입지와 깔고 있는 대지지분의 면적인 만큼 이들 상품에 투자할 때는 아파트보다 더욱더 희소성에 초점을 맞추고 접근하는 것이 중요하다. 희소성을 고려한 투자의 시작은 나도 원하고 상대도 원하는 것을 찾는 데 있다. 특히 그 상대가 자산가라면 내 머리로 이해가 되지 않을지라도 희소성에 초점을 맞추고 이해하려고 노력해보자. 이쪽 상품에도 분명 기회가 있다.

현재 주택가격이 상당 부분 올라온 상태에서 대출 규제까지 들어간 만큼 내 집 마련이 쉽지 않은 것이 사실이다. 그러나 과거를 돌아보면 언제나 내 집 마련은 가장 어려운 과제 중 하나였고 상대적으로 바라보면 아직 상승 에너지가 남아 있는 곳들도 많이 보인다. 다시 원점으로 돌아가 선택권이 주어진다면 내가 모은 돈과 나의 신용을 활용해 '살 수 있는 한 가장 좋은 지역의 주택'을 살 것이다. 좋은 지역의 주택 기준은 다를 수 있지만, 각자 범위에서 가능한 가장 좋은 것을 산다는 기준은 동일하다. 혹시 마음에 드는 동네와 상품이 나오지 않는다면 방향을 수정하면 된다.

수도권 시장과 지방 시장은 디커플링 현상을 보이곤 한다. 수도권에서 놓친 기회를 지방에서 잡을 수 있다는 얘기다. 수도권 시장이 활황일 때 반대로 지방 일부 지역은 하향세를 보여왔다. 그러나 계속 바닥에 머물러 있을까? 인구 80만 이상, 50만 이상, 30만 이상, 30만 이하로 지역을 세분화하고 1건이 아니라 여러 건, 여러 지역 투자를 통해 리스크를 낮추고 총자산 볼륨을 키우는 쪽으로 방향을 우회하는 건 어떨까? 그렇게 수도권·지방 사이클을 한 바퀴 돌고 다시 수도권 시장에 들어와도 된다. 물론 수도권 부동산 가격이 더 높아져 있겠지만, 대출 규제로 매수가 불가능하다고 유동성 넘치는 시기에 넋 놓고 있는 건 위험하다고 본다. 리스크를 인지하고도 실행하지 않은 것에 대한 대가는 생각보다 클 수 있다. A를 못 산다고 A를 살 수 있을 때까지 마냥 기다리는 건 지금처럼 나의 구매력이 계속 감소하는 구간에는 좋은 선택이 아닐 수 있다는 얘기다.

수도권 주택을 매수할 수 있다면 매수하는 것이 첫 번째이고, 그게 불가하다면 대안으로 지방 시장에서 기회를 찾아 다시 수도권 시장으로 갈아타는 거다. 지금처럼 세 부담이 증가하는 시기가 오래 지속될 것이라 보지는 않는다. 항상 강력한 규제 뒤에는 규제 완화가 기다리고 있었음을 잊지 말자.

투자의 기본은 리스크를 줄이는 것이다

첫 번째 원칙은 리스크를 줄이기 위해 싸게 사고, 비용을 적게 투입하는 것이다. 남들이 꺼리는 물건을 시세보다 훨씬 싸게 매입해서 시작부터 기대 차익을 높이고, 인테리어 비용을 투입해 남들이 선호하는 물건으로 재탄생시켜 임대가를 시세보다 더 받는다면 투자금액을 현저히 낮출 수 있다. 이걸 놓치면 남들보다 비싸게 사고, 비용도 많이 투입하여 기회비용을 날리게 된다. 기회비용도 비용이다. 다시 종잣돈을 모아서 투자를 하기에는 시간도 너무 걸리고, 투자의 감을 이어가야 하는 초보자라면 더욱더 여기에 집중해야 한다.

두 번째 원칙은 경험치가 부족할수록, 즉 초보자일수록 수익금보다 수익률에 집중해야 한다는 것이다. 수익률을 높인다는 얘기는 곧 경험치를 키우겠다는 의미다. 초보자가 저지르기 쉬운 실수 중 하나는 큰돈을 넣어서 큰돈을 한 번에 벌겠다는 것이다. 초보자일수록 경험치가 부족한 만큼 실패할 확률이 높다. 언제든 실패를 할 수 있다는 마인드로 최소 비용을 투입하여 리스크를 최소화하면, 반대로 최소 비용을 투입한 만큼 기대수익률도 클 것이다. 이러한 투자를 여러 건 이어가는 것이 중요하다.

앞서 언급한 것처럼 이 세상은 복잡계 아닌가? 내가 예측한 대로 흘러가는 게 없다는 걸 인정하고 언제든 실패할 수 있다는 전제 하에 움직이는 게 초보자 단계에서 더욱더 중요하다. 사실 내게도 내가 100% 맞다고 생각한 것이 100% 틀릴 수 있다는 겸손함이 부족했다.

아무쪼록 투자는 확률의 값을 높이는 일련의 활동이다. 이 세상엔 100% 맞는 정답이 없는 만큼 정답을 맞출 확률을 높여가는 활동에 집중해야 한다. 따라서 하루라도 젊을 때 내가 가진 고정관념을 계속 버리는 작업을 해야 한다. 나이가 들수록 고정관념은 고착화되는 법이다. 나중에 후회하지 않도록, 누굴 탓하지 않도록 지금부터 모든 기회를 열어놓고 나보다 앞서간 분들의 관점을 추적하며 확률 값을 높이는 작업을 해 보자. 부자들의 지식과 경험도 레버리지의 대상임을 잊어서는 안 된다.

다수가 놓치는 점이 하나 있다. 건물은 토지 매입을 위한 레버리지 수단이라는 사실을 말이다. 앞서 얘기한 대로 토지 공시가를 환산한 금액은 역사상 하락한 적이 없다. 즉, 연평균 상승률이 복리로 더해지면 최고의 안전한 투자수단이 된다. 이를 이해하지 못하면 맨날 콘크리트 덩어리를 사고팔면서 중개료·취등록세·양도세를 내고 남는 게 없는 것이다. 부동산 대지지분도 기업의 지분처럼 사서 모아가며 복리가 가속화되는 시점을 기다려야 한다. 그러려면 결국 부동산은 안전마진인 토지를 봐야 하는 것이다. 아파트 10채가 목표가 아닌, 이슈가 있는 핵심 지역(에 위치한 아파트가 깔고 있는) 대지지분 100평이 목표가 되어야 안전하고 오래 지속할 수 있는 투자를 전개할 수 있는 법이다.

주식용어 중 'PBR'이란 용어가 있다

주가순자산비율(Price Book Value Ratio)
PBR = 주가 ÷ 주당 순자산

주가를 주당 순자산가치(BPS, Book Value Per Share)로 나눈 비율로 주가와 1주당 순자산을 비교한 수치이다. 순자산이란 대차대조표의 총자본 또는 자산에서 부채를 차감한 금액으로 쉽게 말해서 회사 청산 시 주주가 배당 받을 수 있는 자산의 가치다. PBR이 1이라면 특정 시점의 주가와 기업의 1주당 순자산이 같은 경우이며 이 수치가 낮으면 낮을수록 해당 기업의 자산가치가 증시에서 저평가되고 있다고 볼 수 있다. 즉 PBR이 1 미만이면 주가가 장부상 순자산가치(청산가치)에도 못 미친다는 뜻이다.

주식투자에서 PBR이 회사 청산 시 주주가 배당 받을 수 있는 자산의 가치를 의미하듯 이를 부동산투자에 적용하면 내가 보유한 주택에 어떤 이슈가 터졌을 때 설령 지진으로 붕괴가 되더라도 끝까지 남아 있는 대지지분을 장부상 순자산으로 치환하여 계산해볼 수 있을 것이다. 따라서 보유한 건물들의 대지지분을 공시가로 환산한 금액이 진짜 자산이라는 사실을 항상 기억하고 내가 가진 건물들의 공급면적 대비 지분이 몇 퍼센트를 차지하는지 확인하는 습관을 들이자. 면적뿐만 아니라 금액 측면에서도 비중을 구하면 더 좋다.

핵심부 토지 5~10평을 사서 모아갈 수 없기에 1차 레버리지 수단으로 건물을 짓고, 2차 레버리지 수단으로 대출을 활용하고, 3차 레버리지 수단으로 임대보증금을 활용하여, 살 수 없는 핵심부 토지를 살 수 있도록 만들어 투입 금액을 줄여나가야 하는 것이다. 망해도 남아 있는 자산이자 꾸준히 우상향 그래프를 그리는 대표 자산 중 하나가 대지지분인 만큼 모든 초점을 이 대지지분을 사서 모아가기 위한 레버리지 대상으로 치환해보자. 잃지 않는 투자를 꾸준히 해나갈 수 있을 것이다.

등기부등본을 확인하라

생각보다 등기부등본을 통해 많은 힌트를 얻을 수 있다. 이전 거래 가격 및 권리 사항 확인은 물론이며 소유자의 거주지 및 대출 현황도 확인할 수 있다. 나는 투자 시 매도자가 처한 상황을 예측하는 편이다. 가격 조정 시 유리한 위치를 점할 수 있기 때문이다. 중개사가 전하는 말도 유효하지만 추가 정보, 예를 들어 취득가액, 담보 현황, 보유기간, 보유 주체(개인·법인) 등 사전에 등기부등본 열람을 통해 매도하는 사유를 추가로 얻을 수 있다. 이를 통해 실제로 가격 조정을 한 적도 많다.

또한 지방 중소도시 투자 시 유효한 지표인데, 지역 내 인구수가 많지 않고 입지가 조금 빠진다면 해당 단지 소유자들의 거주지를 분석할 필요가 있다. 실제로 지방 아파트를 투자할 때 이를 활용하곤 한다. 강원도에 위치한 저층 주공아파트가 외지인들의 세컨하우스 수요로 각광받고 있다는 말에 해당 단지의 등기부등본을 모두 열어본 적이 있다. 실제로 수도권 거주자가 절반을 차지했고, 이 중에서도 강남권 거주자가 약 30%를 차지하고 있었다. '재력이 있는 사람들이 왜 지방 소도시의 지분이 많은 오래된 구축 주공아파트를 매수했을까?'라는 의문과 동시에 '단순히 세컨하우스 목적이 아닌 개발 이슈를 염두에 두고 투자를 한 것은 아닐까?'라는 짐작을 해볼 수 있었다.

대출 현황도 마찬가지다. 본인이 어떤 상가를 매수하려고 하는데 대출 한도가 나오지 않는다면 연예인들의 상가 및 빌딩 투자를 다룬 기사들을 찾아보는 것도 도움이 된다. 해당 물건지 등기부등본 을구(소유권외 권리)란에서 근저당 설정을 한 은행 지점을 확인할 수 있기 때문이다. 동네 지점보다는 대출 부분에서 유연한 지점일 수 있다. 겉으로 보이는 것이 전부가 아닌 세상에서 남들보다 조금 더 세부적인 정보를 얻고자 노력해야 한다. 그중 하나가 등기부등본 열람과 같은 사소한 일이 될 수도 있다. 항상 의심하고, '왜?'라는 질문을 던지는 투자자가 되길 바란다.

후회를 하더라도 시장에 머물자

지금까지 가장 잘했다고 생각하는 것이 있는데, 비과세를 포기하고 다주택자의 길을 걷기로 결심한 것이다. 기본 자금이 부족했던지라 매수한 첫 신혼집의 무게는 가벼웠다. 비과세 매력도가 그다지 높지 않았다는 뜻이다. 가벼웠기에 비과세 전략에 집중하기보다는 외형을 키우는 데 집중하고 더 벌어서 차라리 더 내는 것이 낫겠다는 판단을 할 수 있었다. 부족했고 지금도 부족하지만 결국 돌아보면 부족함, 즉 결핍이 좋은 결과를 가져다줄 것이라 믿는다.

결핍했기에 소형 아파트를 대출받아 시작했고, 결핍했기에 작은 아파트에서 나오는 월세 몇 푼이 소중해서 대출을 미상환하고 가져갈 수 있었다. 규모가 작았기에 비과세도 과감히 포기할 수 있었다. 비과세 부분을 커버하고자 소비를 억제하고 그 돈을 모아 투자를 통해 외형을 키우는 데 집중할 수 있었다. 그리고 앞서간 사람들을 따라다니며 내 안에 뿌리박힌 가난한 DNA를 부자 DNA로 바꿀 수 있었다. 그런데 사람들은 부자를 적폐로 여긴다. 그리고 사회도 그렇게 몰아가고 있다. 따라서 현재 성공가도를 달리는 사람들은 말을 아끼고 지금도 조용히 부리나케 움직이는 중이다. 지나고 보면 모두에게 동일한 기회가 주어졌다. 하지만 그 기회를 눈치채고 잡았는가에 따라 지금 모든 포지션이 달라져 있다. 그래서 우리는 꾸준히 공부해야 한다.

시장에 참여한 지 오래되지는 않았지만 돌이켜보면 후회되는 것들도 많다. '왜 그땐 몰랐을까? 지금 생각해보면 무조건 해야 하는 거였는데.' 그러나 놓친 게 있다. 이 모든 건 시장에 참여해서 경험을 해야만 알 수 있다는 사실과 시장에 참여해서 각 분야에 관심을 가지고 살아야만 후회도 할 수 있다는 것을 말이다. 기회를 포착하기 위해 시장에 머물고, 후회하지 않기 위해 시장에 머무는 것. 결과를 떠나서 그게 가장 중요하다. 인생은 길고 기회는 꾸준히 찾아온다. 그 기회를 잡지 못하는 나의 작은 그릇이 문제인 것이다.

우리는 부를 넘어서 우선 기회를 담을 그릇을 키우는 데 집중해야 한다. 분명 지금도 수많은 기회가 지나가고 있고, 나는 오늘도 그만큼 많은 기회를 놓치고 살아가고 있다. 최근에 지나간 기회만 봐도, 코로나19 사태가 터지고 언택트 업종이 반짝할 것이란 생각을 했지만 대부분이 생각에 그쳤다. 이 또한 겪지 못했기 때문이다. 결국 기회를 포착해도 실행에 옮기지 못한 건 이를 담을 그릇을 키우지 못한 데 있다. 경험치가 부족한 거다.

사람들이 줄이 없는 무선 아이팟을 끼고 다니고, 거대 배달 기업들이 시장을 잠식해나가고, 아마존이 오프라인 생태계를 파괴하고, 재택근무가 늘면서 화상회의나 SNS 채널이 더 발달할 것이란 생각을 했음에도 경험하지 못했기에 놓쳤다. 부동산시장도, 현재 성업 중인 창업아이템들도 모두 마찬가지가 아닐까? 후회하지 않기 위해, 후회를 하더라도 원동력으로 삼기 위해, 오늘도 시장에 머무르며 복기하고 미래를 적정 부분 실현시켜나가는 이유다.

"녹색 집 네 개를 빨간 호텔 하나랑 교환하라."

《부자 아빠 가난한 아빠》의 저자 로버트 기요사키가 과거에 했던 말을 자주 곱씹어 생각하곤 한다. 지금 똘똘한 한 채를 사는 이들의 상당수가 이전에 이런 과정을 겪었다. 그렇지 않다면 부모가 그런 식으로 해왔을 것이다. 나도 그렇지 못하고, 부모도 그렇지 못했다면 무리하게 똘똘한 거 하나 잡다가 큰일을 치를 수도 있다. 미래는 예측할 수 없다는 단순한 명제만으로도 그게 얼마나 위험한 생각인지 알아야 한다. 항상 자산은 곱하기로 늘어난다. 반대로 0을 곱하면 제로다. 내 앞날도 그리기 어려운 세상에서 미래를 예측한다는 게 말이 될까? 최소 비용으로 최소 리스크를 지고 최대 효과가 날 것에 여러 건 투자해서 하나씩 쌓아가도 늦지 않다.

로버트 기요사키의 말처럼 향후 더 나은 자산으로 합쳐 가면 된다. 자산을 불리고 이들 자산을 지키려는 노력들이 수반된다면 분명 기회는 온다. 좀 더 장기적인 플랜을 수립하고 자산을 통합하는 노력을 게을리해서는 안 된다. 결국 모든 것은 더 나은 자산을 사기 위한, 직설적으로 말하면 1등 부동산을 사기 위한 일련의 활동들이니 말이다.

꾸자사모를 할 때 병행해야 하는 2가지
: 복기와 공부

계속 쉼 없이 달려갈 수만은 없다. 잠시 멈춰서 지금까지 해왔던 것들을 복기하며 부족했던 부분이나 투자를 하는 과정에서 놓쳤던 부분들을 정리하는 시간이 필요하다. 복기를 하지 않으면 똑같은 실수를 되풀이할 것이고, 한정된 자금을 가지고 더 나은 수익을 낼 대상을 찾는 만큼 기회비용 측면에서 후회하는 일이 발생할 수 있기 때문이다. 투자를 하는 건 나의 구매력을 유지하기 위한 것도 있지만 이를 넘어서 후회를 하지 않기 위함도 있다. 과거를 돌이켜보면 내게 있어서 후회는, 어떤 것을 하지 않았을 때보다는 더 나은 선택지가 있었음에도 다른 선택을 했던 것에 대한 후회가 더 컸다. 보통 투자를 할 때 어느 1가지에 빠져서 할까 말까를 선택하는 경우보다는 최소 2가지를 비교하다가 1가지를 선택하는 경우가 많기 때문이다.

이를 넘어서 복기를 통해 내가 공부할 대상을 찾자. 2가지 선택지가 있는데 1가지가 내가 모르는 분야라서 단순히 패스했다면 이를 공부해보는 것이다. 둘 다 잘 아는데 선택을 잘못한 것과 잘 몰라서 더 잘 아는 것을 택하는 건 다르다. 주식투자를 예로 들면 인문학도인 내 입장에서 반도체, 테크라는 단어는 항상 어렵게만 느껴지는 단어였다. 앞으로 4차 산업혁명이 이 시대를 이끌 것이라는 것을 알고, 그 핵심에는 반도체·칩이 필수적임에도 이를 공부하려고 들지 않고 어렵다고 뒤로 미루며 좋은 기회들을 꽤나 많이 놓쳤다. 이를 계기로 세 달 정도는 그동안 시장 흐름에 휩쓸려 하루하루 바쁘게 살았던 나를 반성하며 놓쳤던 분야에 대해서 차근차근 공부하고 이를 공유하는 시간을 가졌다.

간략하게 복기 사례를 소개해보려고 한다.

1. 현재 거주 중인 송도 아파트 매수에 대한 복기 사례다. 2017년 청약 접수를 했다가 보란 듯이 탈락한 단지인데 2019년 오랜만에 방문한 송도의 한 부동산에서 해당 분양권이 프리미엄 없이 급매로 나왔다는 소식을 접해 매수를 했던 건이다. 2017년 당시와 달리 2019년은 아이도 있었고 앞을 바라봤을 때 학원이 밀집된 1공구 주변 단지가 내게 적합하다는 사실을 알고 있었지만 나는 이전에 탈락한 8공구 분양권을 샀다. 과거 청약 실패에 따른 보복성 매수였다. 주변에 신규 단지가 들어올수록 학원가 수요는 커질 것이고, 내 아이가 자라면 언젠가는 이사를 가야할 곳이란 생각을 했음에도 말이다. 그 후로 보란 듯이 학원가 주변 아파트 시세는 바닥을 찍고 급격히 상승해 2019년 대비 100% 매매가 상승을 보였다. 학원가에 자리 잡은 학원 수는 한정적인데 주변 신규 입주 세대가 꾸준히 유입 중이라는 것에 포인트를 잡고 비슷한 흐름을 보이는 지방의 학군지에 투자할 수 있었다.

2. 단순히 1층이라서 포기했던 광교중앙역 앞에 위치한 H아파트 복기 사례다. 2017년 상반기 광교중앙역 H아파트의 시세는 1층의 경우 매매가는 6억 원 미만, 전세가는 4억 원 후반, 기준층의 경우 매매가는 6억 원 후반, 전세가는 5억 원 초반에 형성되어 있었다. 1층을 저렴하게 매수해서 전세를 기준층 수준에 맞췄고, 기준층 대비 취득세 측면에서도 장점이 있었다. (2017년 당시 6억 원 미만 취득세는 1.1%, 6억 원 초과 취득세는 2.2%였다.) 그럼에도 끝내 1층이라는 벽을 깨지 못하고 매수를 포기했다. 그 후로 광교 전체 시세가 들썩이기 시작하면서 2021년 1분기 기준 해당 아파트의 1층 실거래가는 2017년 대비 100% 상승한 13억 원에 거래가 되었다. 즉 1층이라고 무조건 피하기보다는 더 큰 숲을 봐야 한다는 사실을 깨달았고, 이를 바탕으로 다른 2기 신도시 시범단지 1층을 매수할 수 있었다.

이처럼 투자를 진행하는 것만큼 중요한 게 복기라는 행위다. 복기를 통해서 내가 부족한 부분을 발견하고 그것에 대해 공부를 하면 다음번 투자에서 좋은 성과를 낼 수 있다. 복기의 전제 조건은 시장에 참여해서 스스로 판단을 내렸던 경험이 있어야 하는 만큼 투자를 하지 않더라도 꾸준히 시장에 머물러 시세 흐름을 비교하고 추적해보자.

복기는 거창할 필요가 없다. 그때 그 시점에 판단을 내린 바탕에 대해서만 간략히 복기하면 된다. 길게 1건보다는 짧게 여러 건 꾸준히 복기하는 것이 중요하다. 내 블로그 채널에서 다양한 복기 사례를 확인할 수 있다. 이번 기회에 나의 생각을 기록할 수 있는 채널을 개설해 제3자에게 공유해보는 건 어떨까? 피드백을 통해 배우는 부분이 어쩌면 더 클지도 모르겠다.

주식 배당소득

전 세계 부자 Top 10은
모두 주식 부자이며,
부동산 부자가 아니다.
따라서 '부자의 길에 서라'라는
말은 '이미 부자인 이들이
보유한 기업의 지분을 사라'
라는 말과 동일하다.

배당소득이 제일 끝에 있는 이유

자본주의 사회는 빚으로 돌아간다. 그 빚으로 누군가 토지를 사고, 토지 위에 건물을 짓고, 건물에서 근무할 인력을 뽑아 부가가치를 내는 생산물을 만들고, 그 생산물을 누군가 소비한다고 말했다. 이렇게 거래가 이루어지며 이익이 발생하고, 그 이익의 총합이 자본주의 생태계를 유지하는 바탕이 된다. 이익의 총합은 다시 시장 참여자들에게 공정하게 분배되어야 하는데 바로 이것이 자본주의 주식시장이 돌아가는 원리인 것이다. 그럼에도 주식투자라는 단어만 나오면 고개부터 돌리는 사람들이 많았다.

그러나 최근 큰 상승폭을 보인 부동산시장을 앞에 두고, 코로나19로 인한 주식시장 급락은 평소 주식에 관심이 없던 사람들에게까지 관심을 갖도록 만들며 주식계좌 개설 수 및 증시 대기 자금이 단기간에 사상 최고치를 경신했다. 그러나 이는 전혀 나쁜 것이 아니다. 오히려 이번 코로나19 사태가 전 국민의 경제 수준을 한층 높였다는 점에서 칭찬할 일이다. 문제는 그만큼 주식투자로 대박을 노리는 사람들도 많아졌다는 것이다.

싸게 사서 시세대로 팔겠다는 생각, 즉 차익거래는 인간의 본능이다. 따라서 하락장에서 기관과 외국인이 물량을 던질 때 용기를 내어 개인들이 비중을 크게 늘린 것은 정말 잘한 일이다. 한국거래소에 따르면 2021년 8월 기준 외국인 보유 주식 비중은 30% 밑으로 떨어지면서 5년 만에 최저치를 기록하기도 했다. 다만 주식투자로 망했다는 사람보다 큰돈을 벌었다는 얘기들이 주를 이루는 현 시점에서, 주식투자를 하는 본질을 망각하고 있는 건 아닌지 우려된다. 주식투자는 나보다 돈을 잘 벌고 돈이 많은 기업에 나의 소중한 돈을 불입하고, 회사가 벌어들인 이익의 일부를 지분대로 나눠 갖는 것이라는 사실을 잊지 말아야 한다.

본론으로 돌아와 주식투자를 바라보는 나의 관점을 이야기해보고자 한다. 앞서 얘기한 5가지 파이프라인, 근로소득, 콘텐츠 소득, 사업소득, 부동산소득, 주식 배당소득 중 배당소득을 맨 뒤로 배치한 이유가 있다. 노후준비 수단으로 쉽게 팔지 않을 우량한 기업의 자산을 사서 모아가는 것이 나의 주식투자 제1법칙이기 때문이다. 초반에 근로, 콘텐츠, 창업 등 노동소득을 극대화하여 내 집 마련을 하고 더 나아가 부동산투자로 총자산을 불리는 작업을 했다면, 앞으로는 이들 자산을 보유하고 지키는 데 들어가는 비용과 노후준비 차원에서 쉽게 팔지 않을 1등 기업들의 지분을 사서 배당을 주는 수단으로 만드는 것이다. 노후준비라는 명제를 붙이면 ① 나보다 오래 살았고 ② 나보다 앞으로도 오래 살 1등 기업 ③ 현재 전 세계 시가총액 1등이나 ④ 각 업종 1등 기업 ⑤ 앞으로 미래가 유망한 산업군의 1등 기업의 지분을 사야 하는 것이다.

부동산투자가 주식투자보다 유리한 부분이 레버리지 사용이 가능하다는 점이라면, 반대로 주식투자가 부동산투자보다 유리한 부분도 1등을 사야 하는 주장을 뒷받침한다. 나의 현재 소득수준과 자산수준이 상대적으로 낮다고 할지라도 1등 기업의 지분을 살 수 있기 때문이다. 어떤 자산이든 해당 분야에서 1등은 가장 높은 수익률을 보인다. 대한민국 부동산시장이 치고 가는 한 강남의 아파트가 가장 높은 성과를 내는 것이 그 증거다. 그렇다고 지금 시점에서 강남 아파트를 매수하기가 쉬운가? 단순히 돈 문제를 떠나 규제 측면에서 말이다. 강남 아파트의 소수점 단위 지분을 살 수 있다면 모를까, 아직 주택시장에서 0.001% 소수점 매수는 어려운 게 사실이다.

그러나 주식투자는 가능하다. 전 세계 시가총액 상위 기업뿐만 아니라 어떤 기업이라도 내가 받는 월 급여의 일정 부분으로 이들 기업의 지분을 살 수 있다. 또한 애플의 CEO, 테슬라의 CEO, 아마존의 CEO가 보유한 1주의 가치와 내가 보유한 1주의 가치도 100% 동일하다. 보유 수량에서 차이가 있을 뿐이다. 즉 보유 수량을 얼마나 더 많이 가져가느냐의 게임인 것이다. 이들 CEO들이 보유 중인 지분을 처분하지 않고 본업에 몰두하며 기업의 가치를 키우는 데 집중했다면, 우리도 마찬가지로 본업을 소홀히 하지 않는 가운데 소득의 일정 부분으로 이들 지분을 사서 보유하면 부자가 될 수 있는 것 아닐까? 전 세계 부자 Top 10은 모두 주식 부자이며, 부동산 부자가 아니다. 따라서 '부자의 길에 서라'라는 말은 바로 '이미 부자인 이들이 보유한 기업의 지분을 사라'라는 말과 동일한 것이다.

아직도 주식투자를 단기 트레이딩을 통한 용돈벌이 수단으로 생각하고 있다면 예적금, 연금, 보험금을 불입하듯 1등 기업에 소득의 일부를 꾸준히 불입하는 쪽으로 생각을 바꿔보자. 투자를 하자마자 수익을 생각하는 순간 그 돈은 본인보다 좀 더 여유롭고 느긋한 투자자에게 흘러갈 것이 뻔하니 말이다. 내 한계를 누구보다 잘 알기 때문에 앞으로도 나의 판단보다는 전 세계 사람들이 인정한 기업을 택하고, 복리 효과를 극대화하기 위해서 1등과 1등이 될 만한 기업의 지분을 노후준비 수단으로 사서 꾸준히 모아갈 것이다.

어떤 나라, 어떤 기업의
지분을 사서 모아가면 좋을까?

바로 미국과 중국이다. 수많은 나라 중 미국과 중국 주식을 사서 모아야 하는 이유를 알아보자. 우리나라는 신흥국일까 선진국일까? 미국 MSCI지수에 따르면 한국은 신흥국이며, 영국 FTSE지수에 따르면 한국은 2008년 9월부터 선진국 반열에 올랐다. MSCI가 더 신뢰받는 지수인 만큼 이에 근거하면 한국은 신흥국이고, 신흥국의 특징 중 하나는 중국도 마찬가지지만 전체 GDP에서 부동산이 차지하는 시가총액이 높다는 것이다. 지금 우리나라의 부동산 열풍은 이상한 게 아니라 아주 자연스러운 것이다. 여기에 코로나19 사태 이후 거대 유동성 장세가 이어졌으니 십분 이해가 되는 대목이다.

평범한 직장인이 현재 내 집 마련을 하려면 PIR 지표[*] 기준으로 서울은 10배 수준이다. 즉 10년을 안 쓰고 모아야 자가 마련이 가능하다는 얘기로 대부분이 대출을 활용해 집을 마련할 수밖에 없다. 따라서 전체 자산 중 약 80~90%가 부동산 자산인 셈이다. 이런 와중에 국내에 한정해 기업의 지분을 모으는 건 동일 국가와 동일 통화 축적 관점에서 리스크를 높이는 일이 될 수 있다. 고도 압축 성장기에 한국 부동산 가격 상승은 자연스러운 현상이다. 버블보다는 자연스런 자본유입으로 여기고 오히려 국내보다 대외변수에 집중하는 것이 중요하다. 우리나라는 기축통화국이 아니라 언제든 환리스크에 노출된 국가이기 때문이다. 다른 나라에서 위기가 터지면 안전자산 수요가 급증한 나머지 달러 가치가 급등하고 이에 따른 원 달러 환율이 치솟는 이유이기도 하다. 즉 원화 표기된 자산의 가치가 하락할 때 반대로 내가 달러 자산이나 엔화 자산, 위안화 자산을 어느 정도 보유하고 있다면 상대적 가치를 나타내는 환율 측면에서 자산 방어를 할 수 있다는 말이다.

따라서 나라와 통화라는 관점에서 이미 빚까지 내서 자산을 형성한 국내 부동산 소유자라면 하나가 무너지면 함께 무너지는 자산이 아니라 상관관계가 없는 자산에 지금부터 관심을 가져야 한다. 그 첫 번째가 외화 표기된 자산, 그중에서도 미래 변화를 선도하는 미국 혁신기업과 내수 소비 확대 국면에 있는 중국 내수기업의 지분을 사서 모아가는 일이 될 것이다.

---

[*] 주택 구매능력을 나타내는 지표. 몇 년을 안 쓰고 그대로 모아야 집을 살 수 있는지, 집값 상승이나 하락세를 가늠할 때 소득수준의 변화를 함께 고려하기 위해 고안된 지표다.

미국과 중국은 어떻게 나눠 접근해야 하는 걸까?

미국, 한국, 중국의 1인당 GDP 흐름 (1980년~2026년)

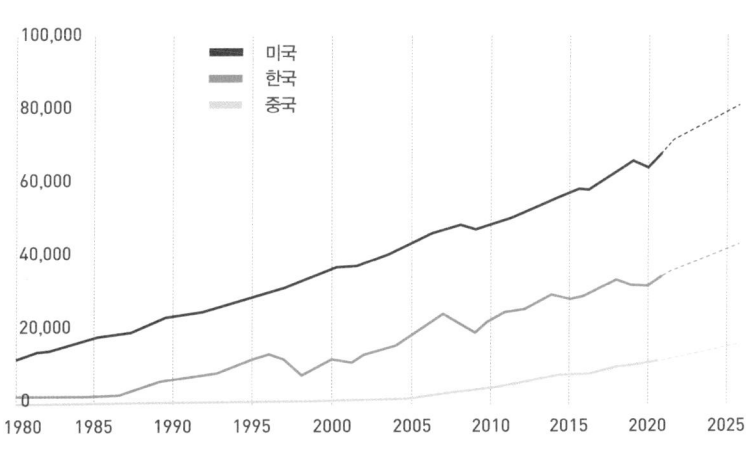

- 단위: $
- 출처: IMF DataMapper

국가명	인구수	2020년(A) 인당 GDP	2026년(B) 인당 GDP	증가폭 (B-A)	성장률
미국	3.3	63,420	80,960	17,540	28%
한국	0.5	31,500	42,770	11,270	36%
중국	14.4	10,480	17,000	6,520	62%

• 단위: 억 명, $

앞쪽의 차트는 1980년부터 2026년까지 미국, 한국, 중국의 1인당 GDP 흐름을 나타낸 국제통화기금(IMF)의 자료다.

국제통화기금에 따르면 2020년 말 기준 1인당 GDP는 미국 6만 3천 달러, 한국 3만 천 달러, 중국 1만 달러를 넘어선 상태이며, 현재 나라별 GDP 성장률을 계산했을 때 2026년 미국은 8만 천 달러, 한국은 4만 3천 달러, 중국은 1만 7천 달러를 달성할 것으로 예상하고 있다. 즉 2026년 미국은 1인당 GDP 8만 달러, 국내는 4만 달러, 중국은 2만 달러를 달성한다고 가정하면, 나라별 2배 차이가 나는 셈이다. 국내는 상위 비교 나라인 미국의 절반, 중국은 상위 비교 나라인 한국의 절반인 것이다.

한국의 과거 1인당 소득 상승률을 고려하면 앞으로 한국의 미래도 밝은 것이 사실이나 ① GDP 성장률 및 인구수를 고려했을 때 성장 가능성 측면에 있어서 중국을 택하고 ② 미국만큼 혁신을 거듭할 국가가 많지 않다는 점에서 미국을 택하고 ③ 국내 부동산투자를 통한 원화 비중이 큰 부분을 고려했을 때 부동산투자자가 G2국가의 지분을 늘리지 않을 이유가 없다.

실제로 IMF는 2030년이면 중국이 총 GDP 규모면에서 미국을 넘어설 것으로 기대하고 있으며, GDP 관점에서만 보면 불가능한 것이 아니

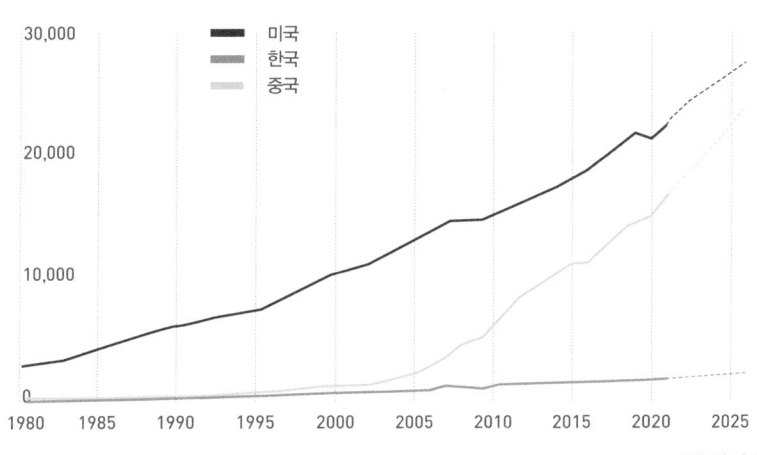

미국, 한국, 중국의 총 GDP 흐름(1980년~2026년)

- 단위: 십 억, $
- 출처: IMF DataMapper

다. 한국 기업과 G2 기업 투자를 고민할 수는 있겠지만, 한국을 제외하고 G2 국가를 놓고 보면 미국과 중국 중 어떤 시장이 더 크게 치고 갈지 계산하고 예측하며 투자를 하는 건 의미가 없다고 본다. 미국은 미국 나름대로 6만 달러 구간에서 혁신을 지속하며 기술주의 성장을 이어갈 것이며, 중국은 중국 나름대로 1만 달러 구간에서 약 15억 명 인구를 바탕으로 내수 소비를 확대할 것이기 때문이다.

또한 현재 미국과 중국은 기술패권을 놓고 총칼 없는 전쟁을 하고 있지 않은가? 1인당 GDP가 아닌 전체 GDP를 놓고 보면 시기의 문제일 뿐 결국 중국이 미국의 GDP를 역전할 것이 확실하다. 중국의 기술 분야 성장이 지속될수록 미국의 중국 견제는 더욱 심해져 중국의 시장 개방을 통한 대외 수요 확대는 어려울 것으로 전망한다. 따라서 중국 정부는

15억 명 인구를 대상으로 내수확대를 통한 성장을 유도하기 위해 여러 방안을 지속적으로 내놓을 것으로 보인다. 실질임금 상승뿐만 아니라 다양한 금융정책 동원을 통한 가처분소득* 증가 2가지 틀에서 말이다.

또한 자본주의 3요소는 토지, 노동, 자본이다. 좀 더 러프하게 얘기하면 땅, 사람, 돈인데, 즉 땅은 도시화율, 사람은 인구수, 돈은 외부자금 유입을 뜻한다. 미국 대비 중국의 도시화율은 빠르게 증가하고 있고, 향후 자본시장 개방 압력에 따른 자금유입 가능성도 높아지고 있으며, 미국대비 우월한 인구수로 1만 달러 GDP 수준에서 내수성장을 꾸준히 이어갈 수밖에 없다. 외부자금 유입이 의미하는 바는 1인당 GDP 1만 달러에서 2만 달러까지의 길은 이미 정해져 있는데, 이 길을 가는 데 있어서 외부자금이 투입되었을 때 방해가 되지 않는 산업군에 집중해야 한다는 것이다. 중국의 시장개방으로 미국의 혁신기업들이 들어오면, 한국에서 미국 기업들의 소프트웨어를 사용하듯 중국도 마찬가지로 해당 소프트웨어를 쓸 것이다. 그럼에도 내수업종 2만 달러까지의 길은 이어질 것이기에 앞으로 중국을 바라볼 때 내수주에 집중할 필요가 있다는 것이다.

따라서 현재 1인당 GDP 수준을 고려해 미국의 경우 IT·커뮤니케이션 업종의 성장을 믿고 해당 업종 1등 기업들의 지분을 모아가고, 중국의 경우 1인당 GDP 수준이 낮은 만큼 같은 1만 달러 소득이 늘어난다고 했을 때 100% 성장이 나오는 중국 내수시장의 각 업종 1등 기업의

---

* 개인소득 중 소비·저축을 자유롭게 할 수 있는 소득.

지분을 모아가는 것이다.

한국에 거주하는 투자자로서 1인당 소득 3만 달러 국가의 눈으로 1만 달러 중국을 바라보거나 6만 달러 미국을 바라보면 오답에 빠지기 쉽다. 의식적으로 우리나라의 1인당 GDP가 1만 달러인 시절을 떠올리며 중국 투자를 전개하고, 미국의 경우 우리가 6만 달러의 경험이 없는 만큼 지금까지 혁신을 거듭해온 자본주의 최대 시장인 미국을 인정하자. 앞으로도 그러할 것이란 판단으로 오늘도 피땀 흘려서 번 노동소득의 일부를 기계적으로 투입해보자. 그렇게 노후준비 수단으로 차곡차곡 이들 국가의 지분을 모아간다는 쪽으로 주식투자에 임하면 분명 좋은 날이 찾아올 것이다. G2 국가 모두, 미국은 기술혁신에 따른 성장, 중국은 내수확대에 따른 성장을 이룰 것이며 성장의 끝엔 달콤한 배당이 기다리고 있을 것이다. 훗날 내가 투자한 기업에서 배당을 받아 노후를 즐기고 싶지 않은가? 그렇다면 하루라도 빨리 나의 노동소득 일부를 자본소득을 내는 기업의 지분으로 맞바꿔나가야 한다.

어떤 기업에 투자를 하면 되는 걸까?

미국 투자하면 떠오르는 기업들이 있다. 바로 'FAANG' 또는 'MAGAT'이라 불리는 기술주 묶음이다. 테크는 앞으로도 유망한 섹터이고, 최근 코로나19 사태로 인해 이들 기업의 성장이 가속화되어 오히려 수혜를 받으며 시가총액 볼륨을 더 키우고 있다. 시가총액 상위를 점한다는 것은 개인들이 더 쉽게 접근이 가능하다는 것을 뜻하기도 한다. 시장에 뒤늦게 참여하는 이들이 가장 먼저 택하는 기업은 시가총액 상위에 위치한 대표 기업일 확률이 높기 때문이다. 국내 투자자가 삼성전자를 가장 먼저 알아보는 것처럼 말이다. 이는 반대로 시가총액이 큰 기업임에도 주가 변동성이 커졌다는 것을 뜻하기도 한다. 그러나 이들 변동성은 단기적인 이슈일 뿐 걱정할 수준은 아니라고 본다. 오히려 코로나19가 미

FAANG

미국 IT 산업을 주도하는 대표 기업이자
가장 인기 있는 전통 기술주 5개를 통칭하는 키워드

Facebook	Apple	Amazon	Netflix	Google
페이스북	애플	아마존	넷플릭스	구글

MAGAT

FAANG보다 더 미래기술과 연관되고,
기업의 수익원이 다양한 미국 신흥 빅테크 기업 모임

Microsoft	Apple	Google	Amazon	Tesla
마이크로소프트	애플	구글	아마존	테슬라

• 출처: 키움투자자산운용

래 변화를 한 단계 앞당겼고, 이에 적응하지 못한 기업들이 구조조정을 당하며 시장 내 승자독식 구조를 견고히 했기 때문이다. 기계적으로 현재 시장에서 독점력을 발휘하며 시장 참여자가 인정한 1등 기업의 지분을 사면 되는 이유이기도 하다.

내 판단을 버리고 대중이 만든 값을 인정하는 것에서도 충분히 좋은 성과를 낼 수 있다. 항상 단순하게 생각하면 된다. 그 시장의 전체 파이가 커질 것인가? 그렇다면 그 시장에서 좋은 매출을 내며 시장 파이를 흡수하는 기업은 무엇인가? 여기에 집중하고 기계적으로 시점을 분할해서 꾸준히 사서 모아가면 된다. 기업의 가치를 판단하고 진입하는 투자가 베스트이지만, 본인 실력의 한계를 인정하고 시장이 만든 흐름에 올라타 그 시장 내 성장을 지속할 산업군을 찾고 그 산업군이 앞으로도 시장 파이를 키울 수 있을지에 대한 판단을 하는 것도 방법이 될 수 있다. 결국 어떤 시장이 커지면 그 시장 내 1등이 앞으로 커질 시장 파이의 가장 많은 부분을 가져갈 것이기 때문이다.

국가별, 업종별, 자산별 시가총액은 아래 사이트에서 확인 가능하다.

전 세계 기업 시가총액 확인

전 세계 시가총액 상위 Top 10 기업 (2021년 10월 25일 기준)

Rank	Name	Market Cap	Price	Today	Price (30 days)	Country
1	Apple	$2.457 T	$148.69	-0.53%		us USA
2	Microsoft	$2.321 T	$309.16	-0.51%		us USA
3	Saudi Aramco	$1.990 T	$9.96	-0.13%		sa S. Arabia
4	Alphabet (Google)	$1.841 T	$2,772	-2.91%		us USA
5	Amazon	$1.689 T	$3,336	-2.90%		us USA
6	Facebook	$915.21 B	$324.61	-5.05%		us USA
7	Tesla	$911.29 B	$909.68	1.75%		us USA
8	Berkshire Hathaway	$655.00 B	$435,722	0.94%		us USA
9	Tencent	$628.72 B	$64.59	-0.68%		cn China
10	TSMC	$592.39 B	$114.23	-1.77%		tw Taiwan

• 출처: https://companiesmarketcap.com

전 세계 테크 브랜드 상위 20개 중 70%가 미국 기업이다. 2020년 말 기준 전 세계 시가총액 1위 기업은 애플이고, 그 뒤를 마이크로소프트가 다시 따라가고 있다. 둘의 시가총액 차이는 약 10% 내외이며 순위 변동은 언제든 가능하다.

2000년대 아이폰 출시 이후 모바일 플랫폼 시장의 혁신을 일으킨 애플, 1990년대 윈도우 출시 이후 수많은 인수합병을 통해 시장 파이를 지켜온 마이크로소프트.

내 판단보다는 시장이 만들어낸 시가총액 볼륨을 믿고 꾸준히 사서 모아가는 것이 월급쟁이 투자자가 주식을 노후준비 수단으로 활용하는

전 세계 테크 브랜드 시가총액 상위 20개 기업(2021년 10월 25일 기준)

Rank		Name	Market Cap	Price	Today	Price (30 days)	Country
1		Apple (AAPL)	$2.457 T	$148.69	-0.53%		US USA
2		Microsoft (MSFT)	$2.321 T	$309.16	-0.51%		US USA
3		Alphabet (Google) (GOOG)	$1.841 T	$2,772	-2.91%		US USA
4		Amazon (AMZN)	$1.689 T	$3,336	-2.90%		US USA
5		Facebook (FB)	$915.21 B	$324.61	-5.05%		US USA
6		Tesla (TSLA)	$911.29 B	$909.68	1.75%		US USA
7		Tencent (TCEHI)	$628.72 B	$64.59	-0.68%		CN China
8		TSMC (TSM)	$592.39 B	$114.23	-1.77%		TW Taiwan
9		NVIDIA (NVDA)	$566.33 B	$227.26	0.15%		US USA
10		Alibaba (BABA)	$486.42 B	$177.70	0.16%		CN China
11		Samsung (005930.KS)	$401.69 B	$59.77	-0.28%		KR S. Korea
12		ASML (ASML)	$331.77 B	$800.97	1.70%		NL Netherlands
13		Adobe (ADBE)	$306.21 B	$643.58	0.77%		US USA
^1 14		Netflix (NFLX)	$294.46 B	$664.78	1.78%		US USA
^1 15		Salesforce (CRM)	$286.41 B	$292.56	0.95%		US USA
˅2 16		PayPal (PYPL)	$282.47 B	$240.40	-1.16%		US USA
17		Oracle (ORCL)	$268.58 B	$98.25	2.02%		US USA
18		Cisco (CSCO)	$232.43 B	$55.11	-1.04%		US USA
19		Meituan (MPNGF)	$228.07 B	$36.50	-2.41%		CN China
^1 20		Broadcom (AVGO)	$212.15 B	$515.41	0.25%		US USA

• 출처: https://companiesmarketcap.com

대표적인 예가 될 수 있다. 특히 이 2개 기업은 성장주 성격을 띠면서 배당까지 성장 지급하는 배당성장주의 성격도 띠고 있지 않은가.

보통 배당을 꾸준히 성장 지급한 기업은 전통 배당주, 즉 필수 소비재·유틸리티·리츠·헬스케어 섹터에 포진되어 있다. 물론 이들 섹터 내 1등 기업도 꾸준히 사서 모아가도 좋은 아주 우량한 기업들이다. 그렇지만 여기서 조금 더 나아가 시가총액 1등을 두고 서로 경쟁하고 4차 산업 미래 먹거리를 다루는 IT·커뮤니케이션 업종이며 배당까지 성장 지급하는 기업을 알게 된 이상 애플과 마이크로소프트를 노후준비 수단으로 여기고 모아가지 않을 이유가 없다. 2개 기업 모두 막대한 현금을 보유하고 있으며 현금흐름 또한 우수하다. 물론 나머지 FAANG 기업인 페이스북, 아마존, 넷플릭스, 구글도 굉장히 좋은 회사들이다. 현재 배당을 주진 않지만 그만큼 성장을 위한 재원으로 사용하고 있다고 보면 된다. 월급쟁이 소득은 한정되어 있기에 나만의 기준을 잡고 앞으로 더욱더 시가총액 1위 기업을 시점을 분산해 꾸준히 사서 모아가자.

그리고 '미래 시가총액 1위를 넘볼 수 있는 기업은 무엇일까?'라고 했을 때 떠오르는 기업이 있다. 2020년대(2021년~2029년) 데이터 모빌리티 플랫폼 생태계를 지배할 가능성이 무궁무진한 테슬라다. 테슬라를 단순히 전기차 기업으로 보고 기존 내연기관 완성차 기업들과 비교하여 가치평가를 하기보다는 모빌리티 플랫폼 생태계 구축을 통한 데이터를 바탕으로 완전 자율주행 및 이로 인한 부가가치를 꾸준히 생산해내는 기업으로 바라볼 필요가 있다. 앞으로 시가총액 1등을 넘볼 수 있는 기업의 조건은, 과거부터 지금까지 혁신을 거듭하고 남들이 무모하다고 생각하는 것에 도전하는 기업이 될 것이다.

스스로에게 질문을 던져보자. 내가 도전의식이 부족하고 빠르게 변화하는 사회에 발맞추어 움직이기 어렵다는 판단을 내렸다면 나보다 변화에 민감하고 이에 도전을 멈추지 않는 혁신 기업가가 이끄는 혁신기업의 지분을 사서 모아가야 한다. 한 기업의 주주가 된다는 것은 단순히 자산 증식을 넘어 회사의 일부가 되는 것이기 때문이다. 따라서 내게 그런 능력이 없다면 그런 능력을 가진 개인 또는 기업에게 레버리지를 태우는 쪽으로 움직이는 것이, 단순하지만 정답지에 가까운 방법이 아닐까 싶다. 항상 문제는 주가변동에 의해 그동안 쌓아왔던 본인만의 투자 철학과 기업에 대한 믿음이 흔들리는 것일 뿐 변하는 것은 없다. 오히려 주가 변동 시 멘털을 꽉 부여잡고 투자한 기업을 진심으로 응원하는 진성 주주가 되자.

중국 주식 시작하기

국민소득 수준에 따라 소비 성향은 달라지는 법이다. 따라서 중국 투자의 핵심 포인트는 1인당 GDP에 있다고 본다. 실제 중국은 과거 한국의 모습을 비슷하게 따라가고 있으며, 여기서 더 나아가 한국의 1인당 GDP 1만 달러에서 2만 달러로 가는 과정에서 문제가 되었던 부분들을 개선하고자 하는 모습들도 눈에 띤다. 한국은 1994년 1인당 GDP 1만 달러를 달성한 이후로 2006년 2만 달러 달성까지 약 12년이 걸렸다. 국민소득 수준에 따라 소비성향은 달라지며, 중국은 주변국인 한국의 전철을 밟을 것이라는 2가지 기준을 놓고 보면 한국의 과거를 돌아볼 필요가 있다. 해당 기간 한국에서 고성장한 업종은 무엇이 있을까? 이해할 수 있는 수준에서 생각을 하면 답이 나온다.

'소득수준이 증가하면 사람들의 패턴도 이에 맞춰 변할 수밖에 없다.'

여행 빈도도 높아지고, 면세품 구매 금액도 증가하고, 건강에 대한 관심도가 높아지고 따라서 더 좋은 음식을 찾고, 고가의 유제품 수요도 증가하고, 자동차·가전제품 교체수요도 늘어나고, 미래를 대비하여 들지 않았던 보험들도 추가로 가입하고, 금융 관심도가 높아짐에 따라 주식 계좌 개설 건수도 기하급수적으로 늘어날 것이다. 2배 높아진 소득에 맞춰 사치품 및 화장품·주류 소비도 늘어나는 등 다양한 업종에서 내수 소비가 대폭 증가할 것이다.

이처럼 사람들은 돈을 번 것에 비례해서 소비도 늘린다. 소비가 늘어나면 기업의 매출과 이익이 늘어나고 이익의 증가는 주가 상승과 연결되는 만큼 각 업종별 1등 기업의 주가 상승은 시기의 문제일 뿐 필연적이라고 할 수 있다. 또한 중국 정부는 이전부터 수출에서 내수로, 투자에서 소비로 경제구조를 바꿔왔는데 최근 미중 패권 다툼으로 인해 내수 소비를 늘리는 쪽에 더욱 집중하는 모습을 보이고 있다. 내수시장도 기술독점과 동일하게 시간이 갈수록 과점은 더욱 강해진다. 어느 한 기업이 과점을 한다는 것은 가격경쟁에서 벗어나 가격을 마음대로 컨트롤할 수 있게 된다는 것을 뜻하는 만큼 1등 기업들의 이익은 더욱 가파르게 커질 것이다. 주주란 무엇인가? 해당 기업에 투자한 지분만큼 이익을 지분 비율대로 공평하게 돌려받는 사람이 아닌가? 누군가는 주식시장을 기울어진 운동장이라고 폄하하곤 하는데 주식시장이야말로 가장 공평하고 공정한 시장이다.

다만 중국기업 투자 시에는 중국식 자본주의를 이해해야 한다. 중국은 '공동부유'라는 명목 아래 인민 모두가 고루 잘살길 바란다. 따라서 특정 기업의 지나친 독과점은 이를 방해하고 체제를 위협할 수 있다는 사유로 규제의 타깃이 될 수 있다. 그리고 실제 규제 정책 리스크가 터지면 주가는 보란 듯이 급락하곤 했다. 한 가지 예로 2012년 중국정부의 반부패 캠페인을 들 수 있는데, 당시 중국 전통주인 백주의 최대 제조업체인 귀주모태주는 공무원 접대비를 대규모 감축하고, 고가의 술이 뇌물로 활용될 수 있다는 오명과 함께 2012년 말부터 주가가 급락하기 시작해서 2014년 1월 바닥을 찍었다.

왼쪽: 규제 직격탄을 맞았던 2012년 직후 주가 흐름

오른쪽: 2014년 최저점을 찍은 후 신고가 행진 지속

그러나 규제는 영원할 수 없다고 오른쪽 차트처럼 그 후로 주가는 크

2012년 7월 220위안에서 2014년 1월 100위안까지 약 18개월간 50% 이상 급락했으나, 시계열을 현시점까지 늘려보면 아주 작은 파도에 불과하다.

• 단위: 위안
• 출처: 인베스팅닷컴

게 상승했으며, 현시점에서 2012년의 급락은 아주 작은 파도로 표현이 되고 있다. 당시 엄청난 충격과 공포를 안겨주었던 주가 하락은 지나고 보면 자산을 크게 불릴 수 있는 기회였던 것이다.

이처럼 정책 리스크로 급락세가 펼쳐진다면 너무 부정적으로 생각할 필요는 없다. 10년을 두고 중국의 1인당 GDP가 2배 성장한다는 히스토리는 변하지 않을 만큼 이를 매수 기회로 삼고 시간을 두고 분할 매수하는 쪽으로 접근해야 한다. 중국정부가 강력하게 규제한다는 것은 그만큼 고성장을 보일 산업이며 잠시 눌러줄 필요가 있는 기업이라는 방증이니 말이다.

그럼 중국의 각 업종 1등 기업과 앞으로 꾸준히 모아갈 필요가 있는 업종군에 대해 알아보자.

나는 특히 중국 바이오·헬스케어, 보험 시장을 좋게 보고 해당 업종 1등 기업의 지분을 꾸준히 사서 모아가는 중이다. 인구 15억 명 중국이 부담해야 하는 고령화 문제는 다른 어느 나라보다 심각하며, 현재 중국의 보험 가입률과 보험수가 매우 낮기 때문이다. 2019년 한국의 수입보험료*는 약 176조 원으로 중국 687조 원 대비 낮지만, 한국보다 인구가 20배 더 많은 점을 고려했을 때 중국의 보험시장은 아직 걸음마 단계라고 볼 수 있다. 또한 자동차보험 등 손해보험과 책임보험에 치우친 경향이 많아 중국 보험시장의 미래는 밝다고 할 수 있다.

중국 대표 업종 1등 기업은 옆과 같다.

---

* 보험 가입자가 낸 총 보험료 합계.

업종	중국 대표기업	한국 대표기업
바이오 • 헬스케어	항서제약, 우시바이오(야오밍바이오)	한미약품, 삼성바이오로직스
보험	중국평안보험	삼성화재, 삼성생명
여행 • 면세	CTG면세점(중국국제여행), 상해국제공항	신라면세점, 롯데면세점
주류	귀주모태주, 오량액	하이트진로
IT플랫폼 • 전자상거래	텐센트, 알리바바	네이버, 카카오
전자상거래	알리바바	쿠팡
증권	중신증권	미래에셋증권, 키움증권
자동차	상해자동차, 길리자동차, 비야디	현대 기아차
유제품	이리실업	남양유업, 매일유업
가전	메이디그룹, 칭다오하이얼	삼성전자, LG전자
화장품	상하이자화, 프로야	아모레퍼시픽, LG생활건강
조미료	해천미업	CJ, 청정원
생수	농부산천	농심, 롯데칠성음료
과자	달리식품, 왕왕식품	롯데제과, 오리온제과
라면	강사부홀딩스	농심, 삼양식품

고령화 이슈를 알면 중국 주식이 보인다

중국 2000~2050년 65세 이상 인구 추이

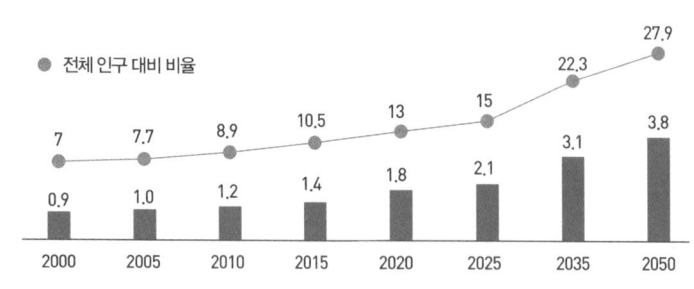

● 전체 인구 대비 비율

	2000	2005	2010	2015	2020	2025	2035	2050
비율(%)	7	7.7	8.9	10.5	13	15	22.3	27.9
인구(억 명)	0.9	1.0	1.2	1.4	1.8	2.1	3.1	3.8

· 단위 : 억 명, %
· 출처: CGTN 그래픽

2020년 중국의 65세 이상 인구는 1억 8천 명으로 전체 인구 대비 13%를 차지한다. 중국 매체 CGTN에 따르면 2050년엔 3억 8천 명, 전체 인구의

27.9%를 차지할 것으로 전망하고 있다. 유엔에 따르면 전체 인구 중 65세 인구가 전체 인구의 20%를 넘으면 초고령사회로 분류되는데 지금으로부터 약 10년 뒤 2030년 정도면 해당 수치에 이를 것으로 보일 정도로 고령화 문제가 심각하다.

고령화 이슈는 피할 수 없는 문제인 만큼 증가하는 노년 인구를 고려하여 바이오 부문 역량을 키워갈 것으로 보인다. 또한 증가하는 노인 복지예산을 충당하기 위해 전체 소득을 크게 늘리는 데 집중할 것이다. 중국 정부는 고령화 문제를 심각하게 받아들이고 있으며 제약 바이오산업을 단순히 미래 성장동력으로 삼는 것이 아니라 국가 존폐를 결정하는 핵심 산업으로 키울 것이다.

중국 정부는 실제로 의약품 허가 기간을 대폭 단축시키는 등 관련 기업에 많은 인센티브를 주고 있으며 고령화 비율을 낮추기 위해 산아제한을 완화하기도 했다. 수십 년간 한 자녀 정책을 고수하다가 2016년 두 자녀 정책을 시행하고 5년이 지난 2021년에 들어서 부부당 자녀를 3명까지 낳을 수 있도록 허용한 것이다. 중국 정부가 중국의 현재 문제를 정확히 알고 있다는 것이 중요하다. 투자자라면 해당 값을 가지고 10년을 바라보고 투자를 전개하면 되기 때문이다.

중국의 보험 가입률 및 보험수가 또한 소득수준 증가폭에 비례해 높아질 것이다. 인구 감소와 고령화 이슈에도 불구하고 중국 대졸자들은 대폭 증가 중이고, 실제 소득도 크게 개선되고 있기 때문이다. 소득이 증가할수록 사람들은 건강에 관심을 가지고 리스크를 고려할 수밖에 없으며, 따라서 의료비 지출액과 혹시 모를 사태에 대비하기 위한 보험 가입률과 보험수가는 높아질 것이다.

글로벌 주요 국가 1인당 의료비 지출액

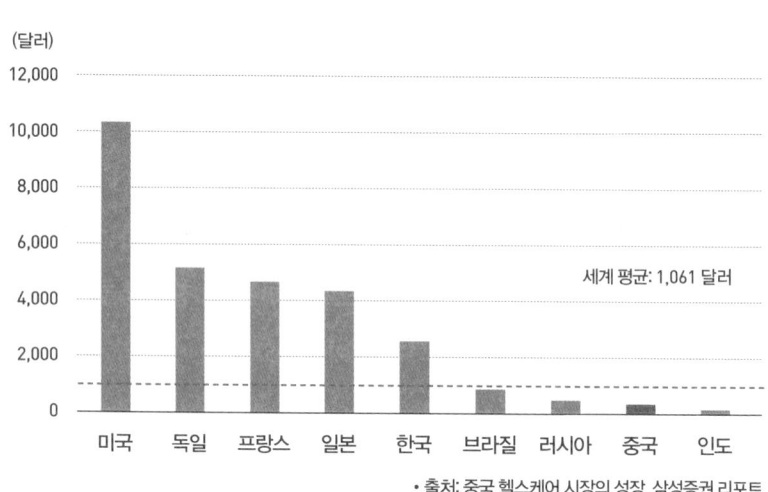

세계 평균: 1,061 달러

• 출처: 중국 헬스케어 시장의 성장, 삼성증권 리포트

중국 헬스케어 시장 규모 및 전망

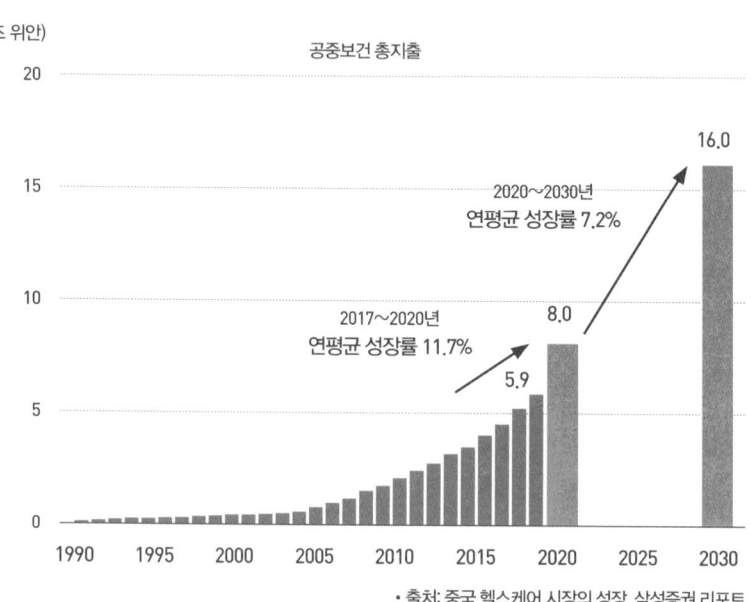

공중보건 총지출

2020~2030년
연평균 성장률 7.2%

2017~2020년
연평균 성장률 11.7%

• 출처: 중국 헬스케어 시장의 성장, 삼성증권 리포트

옆은 글로벌 주요 국가 1인당 의료비 지출 비용(달러)과 중국 헬스케어 시장의 규모와 전망을 보여주는 그래프다. 중국의 1인당 의료비 지출액은 세계 평균의 절반에도 못 미치며, 중국보다 1인당 소득이 낮은 브라질보다도 낮은 의료비 지출액을 보여주고 있다. 중국 헬스케어 시장은 2020년 기준 8조 위안이며, 약 10년간 연평균 7.2% 성장하여 2030년에는 2배인 16조 위안을 달성할 것으로 보인다. 1인당 GDP가 1만 달러에서 2만 달러로 가는 과정에서 헬스케어 시장 규모도 2배 이상 커진다는 얘기다.

과거 우리나라 1인당 GDP 1만 달러 시절, 직장인들을 대상으로 종신보험 가입을 시키려고 보험사들이 바쁘게 움직였다. '당신이 아파서 일을 하지 못하거나 실직 후 아프게 된다면 그땐 어떻게 할 것인가?' '자신을 위해서라기보다 가족을 위해서 종신보험 하나쯤은 들어야 하는 것 아닌가?'라는 식의 공포 마케팅이 주를 이뤘다고 하는데 내게 이런 제안이 들어온다면 나 또한 가입을 했을 것 같다.

소득 구간별 보험가입 유형은 다른데, 소득수준이 증가할수록 자동차 보험을 비롯한 손해 책임보험에서 실비, 종신, 퇴직 연금보험 수요로 이동한다. 중국이 1인당 GDP 1만 달러에서 2만 달러로 가는 여정 또한 이에 크게 벗어나지 않을 것이다. 소득이 개선됨에 따라 종신보험에 대한 수요는 늘어날 것이고, 이에 발맞추어 각 보험사들도 상품을 만들어 팔기 시작할 것이다. 미래 10년을 놓고 봤을 때 확실히 실현될 수밖에 없는 값은 존재한다. 이에 집중하고 시장의 소음을 기회로 삼고 꾸준히 지분 수량을 확보하는 쪽으로 움직여야 하는 이유이기도 하다.

모든 투자는 우선 나 자신을 알아야 한다. 본인이 변동성에 한없이 약한 존재임을 자각했다면 이에 맞추어 투자 방향을 설정하면 된다. 부를 이루려면 꼭 정답을 맞힐 필요는 없다. 정답에 가까운 값들을 누적해서 가져가면 된다. 미래는 어느 정도 정해져 있다. 혁신기업은 서로 경쟁하듯 세상에 변화를 불러올 것이고 기회는 이런 혁신기업을 가장 많이 보유한 미국에 있다. 또한 미국과 중국의 기술패권 전쟁은 쉽게 끝나지 않을 것이다. 이에 중국은 쌍순환 전략을 토대로 수출 비중을 점차 줄이고 중국 내수를 확대하는 쪽으로 리스크를 낮춰갈 것으로 보인다. 따라서 중국 투자는 현재 중국이 당면한 문제를 해결하며 경쟁력을 키워갈 수 있는 바이오·헬스케어 1등 기업들, 그리고 기타 내수기업에서 기회를 찾는 것이 좋다.

　요즘 본인이 투자한 기업과 동업한다는 생각을 지니고 주식투자를 하는 사람들이 많이 줄어든 것이 사실이다. 주식을 사자마자 매도를 생각할 만큼 주식을 시세차익의 대상으로 생각하는 사람들이 많다는 얘기다. 보유 중인 기업이 잠시 주춤하고 그 사이 다른 기업이 오르는 게 보이면 매도하고 갈아타는 식의 패턴으로는 주식투자로 큰돈을 벌 수 없다. 이럴 때일수록 앞서 얘기한 기본값을 정해 놓고 수량에 초점을 맞춰 계속 모아가야 한다고 본다. 가격에 집중하면 모을 수가 없다. A주 100주, B주 500주, C주 1,000주, D주 5,000주…. 이런 식으로 내가 사서 모아갈 기업들을 금액이 아닌 수량을 기초로 지분 게임을 한다면 조정은 곧 기회가 된다. 내가 모아야 하는 지분 수량은 정해져 있고 자금 사정상 당장 그 수량을 채울 수가 없기에 현재의 조정은 앞으로 모아갈 기업의 매입 단가 평균을 낮출 수 있는 기회를 주는 것이다.

각자 기준과 방식은 다르겠지만 부동산 비중이 90%에 달하고 아직도 부동산시장에 더 많은 기회가 있다고 보는 입장에서 주식투자는 포트폴리오 균형을 맞춰주는 수단이 된다. 또한 시간이 갈수록 나의 노동력과 시간 투입이 현저히 줄어드는 배당소득을 창출한다는 점에서 훌륭한 노후준비 수단이 된다. 따라서 틈틈이 미국 기술주, 중국 내수주를 사서 모아가고, 보유한 국내 부동산을 잘 지키기 위해 매일 성실히 살아가고자 노력 중이다. 이렇게 나눠서 보유하는 포지션에 집중을 하다 보면 나도 모르는 사이 크게 자라 분명 내게 보답할 것이다. 그 보답은 시세차익이 아닌 보유에 따른 $+\alpha$가 되어야 하며, $+\alpha$는 담보가치 상승에 따른 보증금 회수 및 월세 인상 또는 기업의 이익 증가에 따른 배당금 성장이라고 할 수 있겠다. 꼭 팔아야만 무언가 얻는 게 아니다. 이를 이해하는 것이 장기 투자의 시작이다. 내가 투자한 기업과 시간이 주는 힘을 믿고 중간중간 흔들리는 멘털을 잘 잡아가보자.

매입 단가 평균의 법칙

보유를 어렵게 하는 자산일수록 좋은 자산이며, 진짜 좋은 자산은 자산가들이 더 잘 아는 법이다. 보유가 어려운 이유는 바로 변동성 때문이다. 자산가들은 변동성을, 시장 참여자들의 물량을 받아내며 비중을 키우는 기회로 삼는다. 그렇게 변동성에 약한 참여자들은 퇴출되고 자산가들은 이들 물량을 받아내며 비중을 키우는 동시에 변동성을 줄여 보유에 유리한 조건을 만들어간다. '좋은 자산이면 사서 그냥 묻어두면 되는 것 아니야? 누구나 아는 얘기잖아?'라고 우습게 여기는 이도 있을 것이다. 그러나 오랜 기간 시장에 머문 사람들은 이게 가장 어렵다는 걸 잘 안다. 변동성을 이겨내며 장기간 묵혀 두는 것은 절대 쉬운 것이 아니다. 그래서 모두가 부자가 될 수 없는 것이다. 변동성을 이겨내는 간단한 팁은 우량한 자산을 시점을 나누어 꾸준히 분할로 매수하는 것이다.

'시점을 나눠 분할 매수'하는 걸 '동적 분산'이라고 한다. 동적 분산이 가지는 효과에 대해 알아보자. 세계 최대 자산운용사 블랙록이 제시한 매입 단가 평준화 법칙을 아래에서 간략히 풀이해보았다.

매월 간격을 두고 일정한 돈을 따로 분리해 정기적으로 투자하는 행위는 우량한 자산을 더 많이 보유하도록 돕는다. 예시 1번은 주가 변동과 무관하게 매월 1,000달러를 적립식으로 투자한 경우다. 같은 1,000달

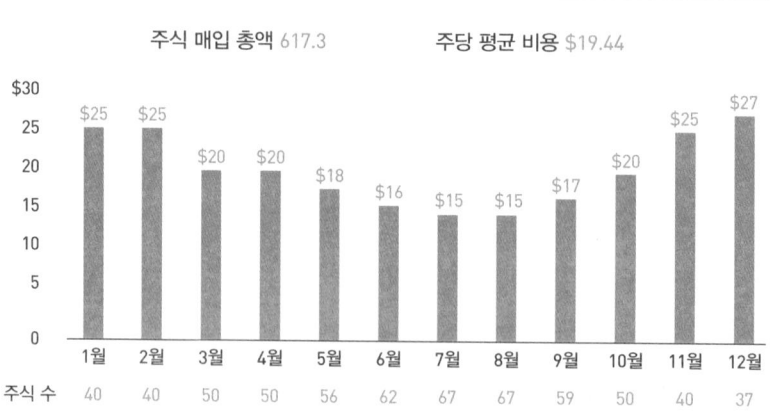

예시 1: 주가와 관계없이 매달 1,000달러를 적립식으로 꾸준히 투자

주식 매입 총액 617.3   주당 평균 비용 $19.44

	1월	2월	3월	4월	5월	6월	7월	8월	9월	10월	11월	12월
금액	$25	$25	$20	$20	$18	$16	$15	$15	$17	$20	$25	$27
주식 수	40	40	50	50	56	62	67	67	59	50	40	37

• 출처: 블랙록 공식홈페이지, 마켓인사이트, 불확실한 세상 헤쳐 나가기

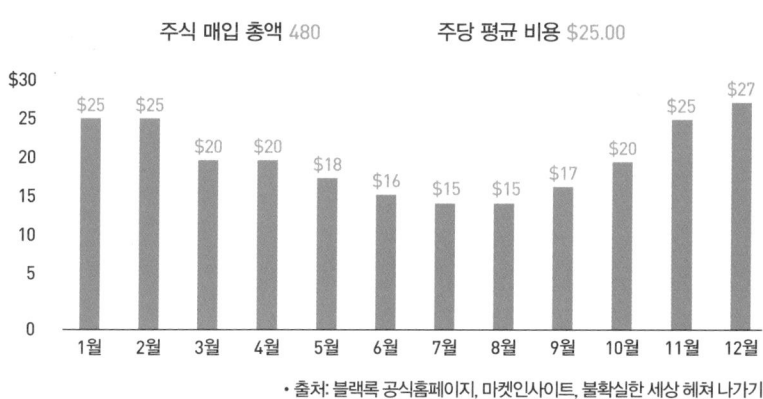

예시 2: 연초에 1만 2,000달러를 일시금으로 투자

주식 매입 총액 480　　　주당 평균 비용 $25.00

• 출처: 블랙록 공식홈페이지, 마켓인사이트, 불확실한 세상 헤쳐 나가기

러지만 주가가 가장 많이 상승한 달은 37주를 사게 되고, 주가가 가장 많이 하락한 달은 67주를 매수하며 월평균 51주, 평균 매수단가는 19.44달러로, 총 617개 주를 확보하게 된다.

예시 2번은 연초에 1만 2,000달러를 한 번에 투입한 경우로 평균 단가는 25달러이며, 총 480개 주 확보가 가능하다. 이처럼 '매입 단가 평준화'는 타이밍보다는 패턴에 초점을 맞추어 꾸준히 분할 매수를 함으로써 시간이 지날수록 주당 평균 단가를 낮추고 주식 수를 더 많이 확보할 수 있도록 돕는다. 따라서 애초부터 좋은 자산을 사야 하며(애매한 자산을 들고 있으면 추가 매수를 해야 하는지 판단이 서지 않음) 매도 시점은 더 좋은 자산을 찾았을 때가 되어야 한다.

'좋은 자산을＋꾸준히 사서＋오래 보유하는 것' 이렇게 3가지가 바탕이 될 때 변동성은 기회가 된다.

부동산·주식 투자 모두 안전마진을 구해야 한다

부동산·주식 모두 안전마진을 찾아야 한다. 부동산 하면 가장 먼저 떠오르는 것이 아파트다. 그러나 아파트 이전에 토지를 봐야 한다. 자본주의 3대 요소 중 하나이며, 토지 위에 아파트라는 상품이 입혀지는 만큼 아파트 투자 시 토지에 집중해야 한다. 아파트가 깔고 있는 대지지분이 몇 평이고, 이 대지가격을 환산했을 때 가치는 얼마인지를 구하고, 그 가치가 전체 아파트 매매가에서 차지하는 금액 비중이 몇 퍼센트인지를 봐야 한다는 것이다. 즉 대지가격을 바탕으로 안전마진을 구해볼 필요가 있다. 최상의 상태를 지닌 신축이라면 말이 다르겠지만, 상품 가치가 많이 빠진 구축 아파트는 더욱더 대지에 집중해야 한다. 예상하지 못한 사태로 건물이 무너진다고 한들 해당 대지는 남아 있고, 시간이 지날수록 해당 대지는 인플레이션을 헤지하며 내가 지불한 아파트 가격을 초과하는 때가 오기 때문이다.

　주식도 마찬가지로 안전마진을 찾는 게 중요하다. 전통 기업이라면 더욱더 말이다. PBR, PER(Price Earning Ratio, 주가수익비율) 등 다양한 가치판단 지표를 가지고 안전마진을 찾지만 쉽게는 배당을 가지고도 안전마진을 평가할 수 있다. 특히 미국에는 수십 년간 배당을 쉬지 않고 매년 성장해서 지급하는 기업들이 많기 때문이다.

　뒤의 기업 리스트는 50년간 매년 빠짐없이 배당을 성장 지급한 기업들이다. 50년간 수많은 이슈들이 있었음에도 배당을 중단하지 않았으며, 오히려 매년 배당을 전년 대비 성장 지급했다는 것이다. 배당을 성장 지급했다는 사실은 이익도 매년 성장해왔다는 것을 뜻한다. 콜게이트, 존슨앤존슨, 코카콜라, 쓰리엠, P&G, 알트리아 등 우리에게 친숙한 기업들도 많이 보인다. 이들 기업 중 시장 평균 수익률(S&P500지수)을 상회하는 종목도 있고 하회하는 종목도 있으나 배당성장주 투자에서 이는 부차적인 이슈다. 우리가 수령한 배당금은 주가변동과 무관하게 매년 증액되어 내 계좌에 들어온다는 사실에 주목해야 한다.

　50년 이상 배당을 지급한 기업 중 가장 큰 시가총액 규모를 기록 중인 존슨앤존슨의 과거 주가 흐름을 살펴보자(261쪽). 회색선이 존슨앤존슨이며, 파란선이 S&P500지수를 기초지수로 하는 대표 ETF인 SPY다. 2001년 1월 2일에 존슨앤존슨에 1만 달러를 투자하고 받은 배당을 재투자했다고 가정한다면 그 후로 20년이 지난 2020년 12월 31일 주식평가

티커명	기업명	업종	배당성장 지급년수	5년 연평균 배당 성장률	배당률
ABM	ABM Industries Inc.(ABM 인더스트리즈)	산업주	53	2.9%	1.5%
AWR	American States Water Co. (아메리칸 스테이츠 워터)	공익사업 (Utilities)	66	8.4%	1.7%
BKH	Black Hills Corporation(블랙 힐스)	공익사업 (Utilities)	50	6.1%	3.3%
CBSH	Commerce Bancshares, Inc.(커머스 뱅샤레스)	금융 서비스	10	3.1%	1.4%
CINF	Cincinnati Financial Corp.(신시내티 파이낸셜)	금융 서비스	60	5.6%	2.4%
CL	Colgate-Palmolive Co.(콜게이트-팜올리브)	경기방어주 (필수소비재)	57	2.9%	2.3%
CWT	California Water Service Group (캘리포니아 워터 서비스 그룹)	공익사업 (Utilities)	53	5.9%	1.6%
DOV	Dover Corp.(도버)	산업주	65	3.3%	1.3%
EMR	Emerson Electric Co.(에머슨일렉트릭)	산업주	64	1.2%	2.2%
FRT	Federal Realty Investment Trust (페더럴 리얼티 인베스트먼트)	부동산	53	2.4%	3.8%
GPC	Genuine Parts Co.(제뉴인 파츠)	소비순환재	65	4.4%	2.6%
HRL	Hormel Foods Corp.(호멜 푸즈)	경기방어주 (필수소비재)	55	11.1%	2.1%
JNJ	Johnson&Johnson(존슨앤존슨)	헬스케어	58	4.8%	2.6%
KO	Coca-Cola Co(코카콜라)	경기방어주 (필수소비재)	58	3.7%	3.1%
LANC	Lancaster Colony Corp.(랭커스터 콜로니)	경기방어주 (필수소비재)	58	8.4%	1.6%
LOW	Lowe's Cos., Inc.(로우스)	소비순환재	57	11.4%	1.2%
MMM	3M Co.(쓰리엠)	산업주	63	5.9%	3.0%
NDSN	Nordson Corp.(노드슨)	산업주	57	10.2%	0.7%
PG	Procter&Gamble Co.(프록터&갬블)	경기방어주 (필수소비재)	65	5.4%	2.6%
PH	Parker-Hannifin Corp.(파커-하니핀)	산업주	65	6.9%	1.3%
SJW	SJW Group(SJW 그룹)	공익사업 (Utilities)	55	10.9%	2.1%
SWK	Stanley Black&Decker Inc.(스탠리 블랙&데커)	산업주	53	4.9%	1.4%
TR	Tootsie Roll Industries, Inc.	경기방어주 (필수소비재)	52	0.0%	1.1%
MO	Altria Group Inc.(알트리아그룹)	경기방어주 (필수소비재)	51	8.8%	7.5%
SYY	Sysco Corp.(시스코)	경기방어주 (필수소비재)	51	7.7%	2.2%
UVV	Universal Corp.(유니버설)	경기방어주 (필수소비재)	50	7.8%	5.4%
NFG	National Fuel Gas Co.(내셔널 퓨얼 가스)	에너지	50	1.9%	3.6%

• 2021년 4월 30일 기준
• 출처: www.suredividend.com

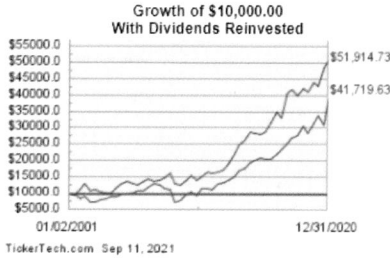

	JNJ	SPY
Start date:	01/02/2001	01/02/2001
End date:	12/31/2020	12/31/2020
Start price/share:	$51.00	$128.81
End price/share:	$157.38	$373.88
Starting shares:	196.08	77.63
Ending shares:	330.08	111.59
Dividends reinvested/share:	$44.39	$61.68
Total return:	419.49%	317.23%
Average Annual Total Return:	8.58%	7.40%
Starting investment:	$10,000.00	$10,000.00
Ending investment:	$51,914.73	$41,719.63
Years:	20.01	20.01

・출처: www.dividendchannel.com

액은 5만 달러를 상회하게 된다. 중요한 것은 주가 상승이 있었다는 것은 그만큼 꾸준히 돈을 잘 벌었다는 것이고 늘어난 순이익의 일부를 배당금 형식으로 주주에게 증액 지급했다는 사실이다. 당시 1만 달러 기준으로 받은 배당금과 현재 5만 달러 기준으로 받은 배당금의 차이는 크다. 실제로 2001년 1년간 지급된 존슨앤존슨의 배당금은 1.04달러로, 2020년 4분기 배당금인 1.01달러와 거의 동일하다. 20년 전 투자한 천만 원이 5천만 원으로 불어났고, 현재 평가액에서 시가배당률* 2.6%를 적용하면 연간 130만 원, 분기 32만 원, 월 11만 원씩 또박또박 빠짐없이 배당을 주고 있다는 것이다. 최근 5년간 평균 배당성장률이 4.8%인 점을 고려하면 2022년 배당금은 주가 변동과 무관하게 136만 원이 될 것이고, 내후년에는 143만 원이 될 것이다.

---

* 배당기준일 대비 배당금 수익률.

부동산은 깔고 있는 토지가격이 지속 상승하는 쪽에 초점을 맞추고 해당 토지가격이 내가 매수했던 부동산 매매가격에 근접하는 시점을 구해볼 수 있다. 주식은 해당 기업의 배당성장률이 얼마나 되고, 그 성장기간이 얼마나 됐는지, 또 앞으로도 성장이 지속된다는 가정 하에 배당금 총합이 주식의 1주 가격이 되는 시기를 구할 수 있을 것이다. 추가로 부동산은 대지지분을 환산한 가격이 매매가의 몇 퍼센트가 되는가를 봤다면, 배당주도 마찬가지로 전체 기업이 벌어들인 순이익에서 주주에게 환원하는 배당금, 즉 배당성향(순이익에서 몇 퍼센트를 주주에게 환원을 했는지)은 몇 퍼센트이고 5년 평균, 10년 평균값은 얼마인지 확인하는 것이 중요하다.

순이익이 10달러이고, 주주에게 환원되는 배당금이 5달러면 배당성향은 50%인데, 순이익은 감소하여 8달러가 되었는데 주주에게 환원하는 배당금이 6달러라고 좋아해서는 안 되기 때문이다. 그럼에도 다행인 것은 배당성장 지속기간은 속일 수 없는 지표라는 것이다. 한 번은 이익이 급락해도 배당을 성장 지급할 순 있겠지만, 그게 지속될 수는 없다. 배당은 현금으로 지불되는 만큼 회계조작을 통해 눈속임을 할 수 있는 것이 아니기 때문이다. 즉 배당성장주 투자를 할 때는 부동산투자에서 지분을 보듯, 배당성장기간, 배당성장률, 배당성향을 고루 보고 내가 앞으로도 사서 모아갈 수 있는 기업인가를 평가해봐야 한다.

결국 부동산투자는 대지지분, 대지가격 상승률, 대지가격 환산가가 매매가에서 차지하는 비중을 구하고, 주식투자는 배당성장기간, 배당성장률, 배당성향이 중요한 만큼 투자 시 이 부분을 고려하면 잃지 않는 투자를 할 수 있을 것이다.

앞으로의 방향

투자는 나의 현재 구매력을 지켜내기 위한 일련의 인플레이션 헤지 활동이다. 그러나 헤지 정도에 그친다면 부자가 될 수 없다. 우리는 미래를 그리고 꾸준히 앞으로 나아가야 한다. 미래는 어느 정도 정해져 있다. 매해 기술혁신을 하고 IT 패권을 다투며 4차 산업혁명을 앞당길 것이며, 이에 따라 전 세계 반도체 IT산업에 대한 관심은 더욱 높아질 것이다. 또한 다양한 질병에 걸릴 확률이 높아지고 있는 만큼 우리나라뿐 아니라 세계 각국도 바이오·헬스케어 산업에 더욱 집중할 것이다.

그 중심에 세로축은 판교 테크노 1~3차 IT밸리가 있고, 가로축은 송도 바이오밸리가 있다. 미래 먹거리가 집중되는 곳이 일자리가 증가하며 주택 수요도 증가하고, 산업 팽창이 곧 소득 증가로 이어지며 수요 증가에 따른 주택 가격도 받아낼 확률이 높아진다. 즉 미래 먹거리가 포진된 지역 주변 부동산 시가총액과 기업의 시가총액은 매년 꾸준히 증가할 것이다. 부동산투자를 할 때 1순위로 일자리를 꼽는 이유이기도 하다. 사실상 우리는 소득활동을 하기 위해 살아가는데 그 근간이 되는 것이 바로 직주근접성이며, 이를 해결해주는 게 교통망 증설이기 때문이다.

앞으로도 일자리가 증가할 유망한 지역의 대지지분(부동산)을 사고, 해당 일자리와 관련된 기업의 지분(주식)을 사서 모아간다면 분명 우린 부자가 될 수 있다. 과거, 현재가 아닌 미래에 배팅하는 사람은 숏포지션이 아닌 롱포지션을 가져가는 사람들이니 말이다.

자본주의 사회에서 장기적인 관점을 가지고 자산시장에 롱포지션을 가져가는 사람은 가난해질 수가 없다. 그게 자본주의 기본 룰이다. 자산을 사고팔면서 시세차익에 집중한 투자를 하는 것이 아닌, 사서 모아가고 관리하며 가치가 발할 때까지 보유하는 습관이 우리에게 필요하다. 늦었다는 생각에 투자 한 방을 노리기보다는 시간이 나의 부를 키워준다는 생각으로 벌어들인 소득의 일부를 꾸준히 이들 자산을 사는 데 투입하자. 나의 판단보다는 현재 시장이 만들어낸 값을 인정하고 1등 자산들에 기계적으로 소득의 일부를 투입해도 부자가 될 수 있다.

국내 부동산은 부채를 지고 매수하기에 이미 전체 자산에서 원화 자산의 비중이 90%를 넘어가는 만큼, 3만 달러 국가의 눈이 아닌 1만 달러 국가의 눈으로 중국 우량 내수기업의 지분을 사서 모아가고, 6만 달러 국가의 시각으로 미국 우량 기업의 지분을 사서 모아가며 부동산에 치우친 포트폴리오를 다변화하자. 또한 글로벌 대표 기업들과 시황을 살피며 세상을 보는 눈도 키우자.

미래 청사진을
상세하게 그리자

투자는 상상력을 요하는 분야다. 아래 세 사람이 있다.

1번: 과거 이미지만 보고 여긴 아니라고 하는 사람

2번: 가격이 오르기 시작하면 그제야 재평가하고 들어가는 사람

3번: 앞으로 좋아질 것이라 보고 애초에 들어가는 사람

최악은 1번이다. 사실 투자 공부는 1번이 되지 않기 위해 하는 것이다. 아직도 "내가 그쪽 잘 아는데 거긴 아니야, 또는 거긴 낙후된 곳이라 볼 필요도 없어"라고 하는 이들이 많다. 특히 거주자들 중 이런 얘기를 하는 사람들이 많은데, 그런 이야기가 중개사 입에서도 나오기 시작하면 그때가 저점인 경우가 많다. 그리고 소수에 의해 2번 같은 사례가 나타나기 시작하면 상승장 초입인 경우가 많다. 따라서 3번이면 가장 베스트지만 2번도 나쁘지 않다. 왜냐하면 2번도 상당한 저항이 있기 때문이

다. 대다수가 1번처럼 얘기했던 시기가 있었다는 것은 본인도 분명 1번과 같이 얘기를 했을 확률이 높다는 것이다. 그런데 사람은 본인이 했던 말을 번복하기가 참 어렵다. 내게 있어서 대표적인 사례는 안양시 만안구 메가트리아였다.

안양은 동안구 만안구로 나뉘고 대부분이 아는 1기 신도시 평촌은 동안구에 속한다. 당시 동안구는 반듯한 신도시, 만안구는 노후도가 심한 구도심 이미지부터 떠올랐던 게 사실이고, 특히 개발 전 덕천지구는 고개부터 절레절레할 정도로 매우 낙후된 곳 중 하나였다. 그렇게 편견을 가지고 현재 보이는 것에 집중한 나머지 내게 온 큰 기회를 놓쳤다. 그러나 누군가는 편견을 버리고 미래를 그리며 해당 지역에서 투자 기회를 찾고 있었다. 덕천지구 주변에 부동산이 참 많았는데 그중 노년의 중개사님이 했던 말이 아직도 잊히지 않는다. 대부분 자신이 중개하면서도 애매하다고 했는데, 한 곳은 아주 강력하게 매수를 권했다. 70세는 족히 넘어 보이는 중개사분이셨다. 투자는 본디 상상력을 요하는 분야라고 편견을 버리고 눈을 감고 5년 뒤 이곳을 다니는 사람들을 머릿속에 그리라고 했었다. 돌아보니 이것이 70이 넘은 나이에도 다른 이들과 달리 해당 현장을 긍정적으로 볼 수 있었던 이유가 아닐까 싶다.

그 후부터 부정적인 시그널이 시장에 만연할 때 잠시 눈을 감고 미래의 긍정적인 부분을 그려본다. 미래 어느 시점에 사람들이 어떻게 이동하는지 이동 동선을 그려보고, 지나가는 사람들은 어떤 얘기를 하고 있는지, 사람들의 표정은 어떠한지, 신축 상가에는 어떤 브랜드가 입점했고, 그 상점엔 누가 어떤 걸 먹고 있는지까지 상세하게 그리는 연습을 해오고 있다. 이런 것들이 향후 내 고정관념을 깨고 통찰력을 키우는 방법이 될 것이란 판단에서 말이다. 실제로 많은 도움을 받기도 했다.

편견이 많은 동네에 가서 미래를 그려보자. 그런 동네는 신도시 초반일 수도 있고, 구축밭 신축단지가 될 수도 있다. 내가 지금 투자하려고 하는 단지가 있다면, 또는 투자한 단지가 있다면 아주아주 상세하게 상상해보는 건 어떨까? 그렇게 꾸준히 상상하고 추후 어떻게 실현되는지 복기를 한다고 해서 돈이 나가는 것도 아니니 말이다. 미래 어느 시점에 내가 과거에 생각하고 그렸던 미래를 복기하며 얻은 비교 데이터가 진짜 나만의 데이터가 될 것이다.

오늘도 눈을 감고 구축밭에서 유일한 신축으로 거듭나고 있는 단지 주변을 그리고 그 주변 상가부지들을 그려보고, 천변을 따라 자전거를 타는 사람들이 올라와 신축 상가 1층 코너에 위치한 브랜드 커피숍에서 커피 2잔을 테이크아웃하고 다시 천변으로 내려가는 모습 그리고 내려가다가 벚꽃을 배경으로 사진을 찍는 사람들을 떠올려본다. 또는 4년 뒤 전세 계약차 이동해서 단지를 돌며 '그땐 그랬지…. 이럴 줄 알았다니까'라고 얘기하는 나를 떠올려본다.

혹시 글을 읽고 눈을 감았을 때 떠오르는 곳이 있는가? 어쩌면 그곳이 많은 사람들이 부정하는 대표적인 사례일지도 모른다. 지금 당장 해당 지역의 미래 청사진을 그려보자. 그리고 투자 이외 나의 미래의 모습도 상세하게 그리며 무의식을 시각화해야 한다. 예를 들면 테슬라 완전 자율주행 모드를 ON하고, 뒷좌석에서 아이와 책을 읽으며, 동쪽 끝에 위치한 세컨하우스로 이동하는 상상들. 아이와 투자한 기업에 대해 이야기를 하며, 그때는 참 열심히 살았지라며 뿌듯하게 얘기를 할 수 있는 그 순간, 그 공간 전체를 말이다.

이렇게 미래를 그리다 보면 그 미래를 현실로 만들기 위해 움직이게 될 것이며 어제보다 더 나은 내일을 위해 매일 마주하는 유혹들을 컨트롤하는 능력도 갖게 될 것이다. 투자를 하는 이유 중 하나는 후회 값을 줄이기 위한 것도 있다. 지난 일에 대한 후회는 그만하고 앞으로 후회의 값을 줄이기 위해 열심히 잘 살아가자.

"우린 후회의 값을 지우기 위해 살아가는 존재다. 따라서 기회는 앞으로 잡아야 한다."

－광원산업 이수영 회장

1등을 추적하고
1등 자산을 사자

부자가 되고 싶다면 현재 각 분야 1등들이 무엇을 하는지 추적하고 그들을 벤치마킹을 하거나 현재 1등 자산들을 사면 된다. 결국 내가 했던 활동의 대부분도 1등에 가까워지기 위한 일련의 과정들이었다. 근로소득을 착실히 모으고, SNS 활동을 통해 앞서간 분들의 생각을 읽고 정리하며, 내 판단 하에 개별 창업을 하는 것이 아닌 현재 각 업종 1등을 달리는 1등 브랜드를 믿고 프랜차이즈 창업을 했다. 또 당장 1등 부동산을 매수하기엔 자금이 부족하다면, 그 밖의 지역 중 연식이 된 구축 아파트라도 입지면에서 우월하다면 이들 부동산을 여러 채 사서 총자산 볼륨을 키우고자 노력했다. 그리고 마지막으로 전 세계 Top을 달리는 각 업종 1등 브랜드의 CEO를 믿고 이들 기업의 지분을 사서 모아가는 데 집중을 했다.

전 페이스북 부사장 출신 CEO 차마스 팔리하피티야(Chamath Palihapitiya)가 이런 얘기를 했다. "2등, 3등, 4등 회사에 투자해서 1등 회사에 투자한 것보다 더 좋은 수익을 낼 수 있는 시장은 없으며 따라서 부자가 되려면 명백한 승자로 부상하고 있는 놈을 찾아서 그 놈을 사야 한다"라고 말이다. 즉 미래를 주도할 카테고리를 찾는 데 집중하고, 카테고리를 찾았다면 해당 카테고리 승자 한 놈에 투자하고, 그 카테고리 전체가 더 잘되길 바라는 게 중요하다는 것이다. 카테고리 전체가 잘된다면 그 카테고리 승자는 승자의 자리를 유지하는 한 불균형적으로 큰 수익을 거둘 수밖에 없다. 2등, 3등, 4등이 쫓아온다면 1등은 어느새 더 멀리 갭을 키워 한 발짝 나아가 있다는 것을 무시하고 보통의 사람들은 본인 판단 하에 저평가된 상품을 찾는 데 많은 노력을 한다. 본인이 1등을 놓친 것을 인정하고 싶지 않은 심리가 있어서 다음 순위 자산들에 집착을 한다는 얘기다.

물론 부동산의 경우는 1등 지역 내 1등 상품을 사기가 어려운 것이 사실인 만큼 지역 범위를 확대하여 1등을 살 수 있는 지역을 찾아 그 지역 내 1등을 사는 것이 대안이 될 수는 있다. 반대로 1등 부동산이 더 크게 치고 갈 것을 알면서도 자금 사정으로 어려워서 마음이 언짢았던 만큼 기업에 투자할 때는 해당 카테고리 내 1등 기업의 지분을 사는 데 초점을 맞추는 것이 중요하다.

애플 창업자, 아마존 창업자, 페이스북 창업자, 마이크로소프트 창업자, 테슬라 창업자들이 과연 단기적인 성과에 집중하며 당장 큰돈을 벌어야 한다고 생각했을까? 뛰어난 선구안으로 미래 청사진을 그리고 시장 규모가 커질 분야를 선정하여 해당 카테고리 내 1등을 하기 위해 수많은 노력을 했을 것이다. 그에 따라 기업의 가치가 커지고 가치가 가격에 반영되어 지금의 부자가 된 것이다. 그럼 우리도 그들의 길을 따라가면 된다. 이미 큰 부를 이룬 사람들이 앞으로 가야하는 길을 제시해주고 있는데 우리가 부족하면 좀 어떠한가? 오히려 본인이 부족하다는 것을 깨닫고 이미 부의 추월차선을 탄 자산가들의 관점을 흡수하고 추적하는 게 자산 증식에 훨씬 큰 기여를 할 것이다. 부족할수록 몸뚱이를 굴려서 얻은 소득으로 이들 기업의 지분을 꾸준히 사서 모으는 것. 이것이 나를 부의 추월차선에 태우는 현명한 방법임을 잊지 말자. 복잡한 기준들을 버리고 모든 걸 단순하게 가져가자. 내가 부족하니까 1등을 추적하고 1등을 사는 것이다.

월급쟁이 부자의 머니 파이프라인

초판 1쇄 발행 2021년 10월 13일 **초판 4쇄 발행** 2021년 12월 2일

지은이 루지
펴낸이 이승현

편집2 본부장 박태근
책임편집 선세영
디자인 신나은
일러스트 최광렬

펴낸곳 ㈜위즈덤하우스 **출판등록** 2000년 5월 23일 제13-1071호
주소 서울특별시 마포구 양화로 19 합정오피스빌딩 17층
전화 02) 2179-5600 **홈페이지** www.wisdomhouse.co.kr

ⓒ 루지, 2021

ISBN 979-11-6812-032-7 03320